shi yi de wu dao

# 诗意的舞蹈

## 一位乡村女教师的初心坚守

林雪芹 著

文化发展出版社
Cultural Development Press

# 序 / 林荣秋

不难发现，新教师入职后，在经历战战兢兢、心怀忐忑、站稳讲台的若干年后，产生职业迷惑，步入停顿；不难发现，那些站好讲台的老师，在驾轻就熟后未能生巧、熟后未生教育智慧，产生职业倦怠，陷入停滞状态；不难发现，那些站高讲堂颇受学生喜欢的老师，有的在有意或无意拒绝再出发和再成长，成色、成俗，成为普通的教师，泯然于众。教师的专业发展呈现“成长、成熟、成色、成俗”发展轨迹，会提示提醒我们什么？

不用回避，相当一段时间，乡村教师往往因学校地域而自我矮化；因学历资历而妄自菲薄，引喻失义；因学生起点低而自惭形秽；因身处普通学校而自我设限。其实，他们也曾经满怀信心，满怀期待，也愿意满负荷工作。慢慢地，在终日忙忙中茫茫，在满脸疲惫中叹气以致满腹怨气，在满怀失落中落寞落幕。乡村教师专业成长过程和发展结果为何成长、成熟后成俗？这的确需要我们研究机制，从机制中探究路径问题，需要梳理研究教师成长案例，从习以为常中发现能启迪同行、启发同事、启示未来的经验和教训、做法和方法、往事和故事。

教育不仅仅是生存的职业，更是育人的大事业。需要教师不忘教育初心，履行为党育人、为国育才的职责；需要教师“捧着一颗心来，不带半根草去”，自觉践行教书育人，创造性地落实立德树人，用诗心和诗意推进学科育人；需要教师心中时时装着学生，装着课程，装着育人目标，在忙忙碌碌中有为，在辛辛苦苦中寻求快乐，不拒绝成长和持续成长。

像雪芹这样长期扎根乡村学校的老师实在很多。她们要“在乡村的土壤上诗意地栖居”实属不易。其实，多数教师从教之路，凸显了行路难：面对斜风细雨、有风有雨的常态，以风雨无阻心态，保持风雨兼程状态，难。乡村教师从教之路，凸显了发展难：晨风起，太阳升，从心出发；带露珠、带泥土，在满载星辉中归去。对于身处其中、亲历其事的局里人来说，这异乎寻常，也是踏石留印，抓石留痕。这样的日复一日、年复一年努力，在局外人看来或许很平常。乡村教师或许错失太多的显性和隐性的时机、空间和机会。

林雪芹老师很努力，也历经辛苦，终修成特级教师正果。初看意料之外，细究情理之中。要取得好成绩，乡村教师要付出比别人更多的时间和心力，但结果往往是事倍功半。雪芹老师的“从教心路”启迪同行：没有学生成绩高峰、没有状元，同样可以在教育人生中留下真情、善良、美好和高雅；没有论文、没有“985”和“211”，同样可以让教育往事变成教育故事。学科教学的根本宗旨应回归到“育人”上来，从育分向育人转变。雪芹老师的“德育心声”概括起来就是八个字“立德树人、学科育人”。语文教师要更加自觉自能地把立德树人的根本任务落实在学科教学之中，上有灵魂的课，建构有灵魂的课堂教学。林雪芹老师的“语文心悟”“课堂心意”的系列案例和故事启发我们：无论过去，还是现在，在学科教学中要以“育人”为灵魂，厚植家国情怀；基于学科特质，落实核心素养培养。

教师是一个需要不断积累经验、逐渐提升自身专业素养的职业。我们从众多的教育叙事、案例和论述中发现，一般教师有了成绩和成果后，要善始善终也很难。特级教师要名副其实，做有理想信念、有道德情操、有扎实学识、有仁爱之心的“四有”好老师；要名后成长，让自己名后有名。林老师的后续行动启示同事：取得成果，要存正心，走正道，偕正人，做正事，方有收获成果，方得始终；做有品质、有品位的特级教师，继续成长是唯一选择。养成良好的学习习惯，是提升自身专业新鲜度新高度，保持心态年轻的有效途径。

于漪老师说：“一辈子做教师，一辈子学做教师。” 教学是否有效，取决于教师的专业素养。教师在教学的过程中，要始终保持一种警觉，需要用心学习，全身心地投入教育实践中，以便提升自己的专业水平，讲好自己真实、动人的教育故事。

教师本是有故事的人，教师应是会讲故事的人，更应是创造故事的人。期待我市的特级教师群，深入进行课程改革、教学改革研究，让研究更具体、更细致、更生动，更真实。期待林老师继续创造并讲述好自己的教书育人故事，以专业优雅推动团队的优秀，以团队的卓越推进学科、学校乃至区域的向前跨越发展。

特级是高处的荣誉，高处不胜寒。期待我市年轻、年长乡村教师凌寒一起开。祝愿像林雪芹这样的特级教师俏不争春又不忘带领团队争春，不断续写行稳致远的教育故事。

（林荣秋，汕头市教育局教研室主任、正高级教师，广东省中学名教师，广东省特级教师）

# 目　录

## 从教心路
congjiaoxinlu



## 德育心声
deyuxinsheng

## 语文心悟
yu wen xin wu

## 课堂心意
ke tang xin yi



## 人海心花
ren hai xin hua

# 从教心路

congjiao xinlu

天空里没有留下痕迹
但我已奋力飞过

心

# 雪泥鸿爪

今晚，坐在老宅子的窗前，整理了一夜的书稿。近半年来。为着这个出书的心愿，我食不知味，夜不能寐。“知我者谓我心忧，不知我者谓我何求”。支持者默默鼓励，默默关注，默默帮助；嘲笑者认为你算老几，也要出书？！不管外面风云如何变幻，我依然不改初衷，一直在背着风的方向坚定沉稳地走着，恬淡怡然，充实自在。乐我所乐，爱我所爱。茫茫雪地，有鸟飞过。虽没有辉煌足迹，但我已努力飞过。《雪泥鸿爪》将记录下我这只笨鸟的点点滴滴、喜怒哀愁。迎着夜来香飘来的幽香，我端起高脚杯，有谁与我共饮？！

——引子

## 诗意舞蹈

当耳边又响起《九儿》那百转千回，亢奋低沉的歌曲时，我脑海里浮现的不是红高粱，而是在那夏日炎炎、鸣蝉低叫、一望无垠的南方绿色的旷野，一个扎着马尾辫穿着红大褂的八岁女孩，在稻海中翩翩起舞，丝毫不顾在不远处忙着弯着腰收割稻谷的忙碌的父母。母亲回过头呼喊着女孩的名字，爱怜的眼光里尽是不舍得责备的无奈。母亲知道这个女孩不属于这片稻海，她喜欢舞蹈，她有更美更好的追求。只是啊，生长于七十年代贫困农村的家庭，你能干啥？“孩子，你拼命读书吧，跳出农门，或许会有别的出路”。母亲谆谆告诫着这个女孩。这个不懂事的红衣女孩，就是我。

或许听懂了田野中母亲的话，于是，从我读书起，好像总有一个念头：“你要读书，你要跳出农门”在鼓励着我、鞭策着我不断地向前。于是，从澄海中学，到韩山师院，到毕业后分配到澄海东里中学教书，我好像已经实现了母亲的愿望，终于不用再回到农村种田耕地了。但如何当好一个老师？如何教好学生？如何让自己快速地站稳讲台？一连串的问题抛向我，我其实向谁都找不到答案。真的，没有人，能一直站在你身边帮助你，没有人能成为你的依靠。一切都得靠你自己边学习边摸索。更何况刚毕业，因为学校英语老师缺人，我被安排任教三个教学班的初一英语。我的中文专业，一点都派不上用场。而英语，我只有大学英语二级的水平。还记得当时同时毕业任教同一年级英语的贤妹妹帮了我很大的忙，我至今还很感谢她。教了2年的英语，中间还生了个蜗牛妹妹。最最感谢的是张少平校长把我“拯救”出来教回本专业——语文。那是我人生一个重要的关口。而我后来了解到，张校长知道我比较擅长语文，居然是因为在一次学校联欢会上，身为英语老师的我替班里的学生写了首长诗排了个节目获了个奖，才引起他的关注。所以，有时想想，你的专业是你的救命稻草，这话是对的。从此我开始教回我心爱的语文，从此我可以继续遨游在我喜爱的文学世界，从此不会跳舞的我开始用语文在我喜爱的乡村讲台上舞出属于我自己的舞蹈。

## 爱的初心

“你感觉到了吗？冥冥之中，一个美好的结局向我们发出邀请，爱在牵引我们前去。走吧，不要怕痛，路再长再远，我们终会得偿所愿”。

真的，没有谁的轨迹是被设定的。你的轨迹如何，取决于你自己的选择，以及选择之后，如何一步一个脚印，坚定地走下去。平凡如我，渺小如我，我真的从没有想过一天，我能荣幸地评上“特级教师”，那对我来说，就是天上掉下来的一块美妙的馅饼，而我凑巧走过被砸中了。一路走来，我教了21年语文，其中担任初三毕业班语文老师4年，担任高三毕业班语文老师13年。当了14年的教研组长。喜欢充满活力的语文课堂，喜欢充满生机的学生，更喜欢博大精深，魅力无穷的语文世界。我说过，我是一条天空的鱼，我让自己沉入语文的海里，或教书，或写作，或教研，我呼吸着自由的空气，我快乐地像一个婴孩。或许，这一切，都缘于我对语文的热爱。这是2018年在评特级教师期间，我全然不顾自己因为宫外孕在汕头第二附属医院治疗，那天坚持跑回学校向汕头的“特级教师评审专家团”上汇报课时，我面对专家提问时所说的话。始于热爱，终于热爱，这一颗对语文的初心，毕业23年了，从没改变过。这是我，一个平凡的农村女教师，诗意地栖居于乡村的土壤上，献给这神圣土地上的一支“以爱为名”的语文舞蹈。

## 光的指引

夜夜喜欢听“为你读诗”，我听过并记住其中一句话：“想来我们人生当中也有如明月般的人，生而圆满，如同恩赐。他／她的存在就是光源所在，即便相隔遥远，未能时时得见，却依然能照亮此处的你。”

感恩一路走来，总有光的指引，助我专业成长，为我指点迷津，渡我游出苦海。语文路上，先有同校陈克组长带我入门；再有澄海区教研室黄赐义主任的谆谆教诲、林爱平姐姐的关心指导；更有评上特级教师后，汕头市教研室林荣秋主任的鞭策鼓励。一位位名师的熏陶培养，才有今日我的小成绩。人生路上，感恩我的亲人对我的默默奉献；感恩我的同行朋友对我的支持关爱；感恩江山校长、林大豪校长对我的提拔和信任，给我一个充分展示自我的平台；感恩几位不离不弃的“引路人”的指引开导，为我前进的路上点燃了一盏明灯。没有你们，我的人生如孤舟漂流在茫茫大海，找不到航行的方向，更找不到战胜挫折痛苦诽谤中伤的力量。

华枝春满，天心月圆。我庆幸一路跌跌撞撞，终于走到今天。

我欣慰的是，我能把我23年来所写的点点滴滴，结集出版。真不敢称为专著，那太鸿篇巨制了；我只是整理了一个属于自己的小集子，里面记载我的教研轨迹，我的喜怒哀乐，我的所思所感，一如“雪泥鸿爪”——天空里没有留下痕迹，但我已奋力飞过！

# 爱过方知情重

醉过方知酒浓，爱过方知情重；
您梦里有我，我醉了也永不忘您。

——引子

## 爱的理由

许久以来，我一直在找一个理由，来说明我为什么爱您；可是我找不到那个理由，因为我不能把我对您的爱只限定于一个理由。情感的深厚使我无法找出一个固定的理由来说明为什么，因为每一个为什么后面还隐藏着更多的为什么，如果一直想去追问什么和为什么，到最后一定会失去我们所追问的本意。我只记得，因为爱，每一次的国庆阅兵我都热血沸腾、热泪盈眶；每一年的七月我都心存感恩、祈祷祝福！我只知道，只有爱，能撑起擎天的巨木；只有爱，能升腾冷漠的生命；只有爱，能裸露坦诚的灵魂；只有爱，能在长长的暗夜袭来时也有耐心期待天光！

我还清晰地记得，1997年在潮州韩山师范学院读大三的时候，有一天班主任兴冲冲地跑来告诉我，“经过中文系党组织的审核，你已被批准为预备党员了。”听到这个消息我真的喜出望外，我在心里不停地念叨着一句话：“父亲，我是预备党员了。”我终于圆了一个朴实的老农民毕生的愿望。我甚至可以看到父亲那憨厚的脸上顿时盛开了一朵久违的微笑。父亲没读几年书，也不懂什么大道理。但在我小的时候，在我家那个狭窄的小阁楼，听着父亲“讲古”，那是一种最大的享受。那时父亲总是捧着一块画着毛主席的头像的小木板，乐滋滋地和我们讲述中国共产党的伟大、毛主席的英明、新中国建立的不容易……也就在父亲的生动讲述中，我知道正是我们伟大的中国共产党，高举一盏灿烂的明灯，照亮了黎明前的黑暗，指引着中国人民前进的方向。从扫荡土豪军阀，到赶走日寇列强，到覆灭了蒋家王朝，到带领人民振兴民族经济、奔向小康……孩童时的感情是最原始、最朴素、最单纯的。我想，在父亲那感人至深的故事中，爱的种子已悄悄播下并且生根发芽；党的光辉也正一点一点渗透进我的肌肤，烙刻进我的心灵。所以，每当父亲念叨：“娃啊，你一定要好好读书，争取早日加入共产党，报效祖国！”我总会在心底升腾起一种神圣感和使命感，并告诫自己一定要实现父亲毕生的愿望。所以，在班主任告诉我喜讯的那一刻，我的内心才会有那样的激动和欣喜，甚至流下了晶莹的眼泪，因为这个梦经过了两代人长长的企盼！于是，怀揣着父亲殷切的叮咛，怀揣着党赐予的力量，怀揣着少女浪漫的梦想，我从韩山师范学院毕业，来到了东里中学，踏上了神圣的讲台，开始了漫长的教书育人的征程！

## 江湖夜雨

华灯初上，灯火阑珊，蓦然回首，那人依旧。是感动？是悲喜？是震撼？是痴狂？

江湖夜雨十年灯，是党的力量，铸就了我胸中的一把正气的剑，挡住了我风雨路上多少荆棘的羁绊。在滚滚红尘里，在物欲横流的社会，我不追求能桃李满天下，不追求能像春蚕“到死丝方尽”，不追求功与名利与禄！我只追求当一名受学生欢迎的语文教师，我只追求以文学与莘莘学子心灵交汇，我只追求笔耕不辍真情不断一生无悔，我只追求能继续编织我人生路上的七彩花环。我只渴望我的生命能波澜壮阔海纳百川；我只渴望能厚德载物绽放异彩；我只渴望能投身于改革的滚滚浪潮；我只渴望在平凡的岗位奉献青春与热血；我只企求，能传播爱心与光明；我只企求，能挥洒美丽与智慧；我只企求，守护着故乡的山山水水；我只企求，生命不留下丝毫的遗憾。我只祈祷，让贫瘠的精神荒原鲜花开放；我只祈祷，让迷路的小孩心灯点亮；我只祈祷，弹拨澄海的悠扬激荡的旋律；我只祈祷，放飞一只只追寻理想的白鸽！

于是，我收获了真诚，收获了尊重，收获了自信；我的学生在中考中名列榜首喜讯频传，我的散文诗歌相继在《汕头特区晚报》《澄海报》等报刊发表，我被评为澄海区优秀教师和课程改革积极分子……一切都只因为有您啊，我敬爱的党，没有您赐予的勇气和力量，哪有我的一切？没有您赐予的勇气和力量，我哪能在洪涛巨浪中依然坚守一方净土？尽管沧海桑田多变幻，一句入党的誓言竟已成一世的承诺！风沙过处，我依然屹立成长空里的那只“不死鸟”，吐露我储蓄多年的芬芳，撒播我粉笔下的白色精灵，唱响我不屈灵魂的生命之歌。撑一艘“红头船”，在激流中奋进，为学海的彼岸铸造神话。哭也罢笑也罢，醉也罢醒也罢。“我自横剑向天笑，去留肝胆邹鲁边”。我真的不怕将自己的历史以真实的姿态展现出来，或许那样可以成为瞩望未来，但永不忘记过去的人。我只怕辜负了党的栽培之恩，辜负了父亲的嘱托，辜负了“人民教师”这一沉甸甸的称号！

## 生如夏花

夏日的花朵，尽情展示，无比绚烂；夏日的花朵，从根到茎、从叶到花，无不散发出一种蓬勃的生命力。泰戈尔说，愿生如夏花般灿烂，愿死如秋叶般静美。

满载着绿色的希望，红色的梦想，光辉的七月，一路高歌而来，我们党也迎来了第89个生日。在这神圣的日子里，漫步在学校绿草如茵的操场，望着教学楼八个金色的大字“我以校荣，校以我荣”，我的心潮澎湃，久久不能平复。因为我的身边，有太多太多的感动。感谢党，为我们创造了和平安定，繁荣昌盛的社会环境；感谢父亲，为我的灵魂镌刻上了“热爱祖国、奉献自己”；感谢东中，给了我充分展现自我风采的平台；感谢林校长，高风亮节，以身作则，指引着我们前进的方向；感谢老师们，默默耕耘，呕心沥血，共同铸造学海的神话；感谢学生们，知礼守法，谦虚好学，创造东中一次次的辉煌！真的，我感动了！感动于东中人身上流淌着那股团结、拼搏、拓展、创新、奉献的“血液”！而偌大的整个教师队伍，无不都是如此啊！没有对祖国、对党的无比热爱，何谈奉献？没有对教师这一神圣使命的肩负，何谈奉献？没有对生命的敬畏和珍惜，何谈奉献？你让我寻找共产党员的风采，这身边的老师，身边的奉献的人，不就是最好的证明吗？学生的每一小点的进步，高考中考的喜讯，不就是我们奉献给党的生日最好的礼物吗？真的，我没有多少豪言壮语来歌颂我们的老师们，我只是在蓝蓝的碧空下，在缓缓流淌的韩江边，说出我最真的心里话，道出我的感恩之情。每一个默默奉献的老师都如夏花般灿烂，而我，也是其中最不起眼的一朵！

我真的还应该再说感谢的，为所有默默奉献在各个平凡岗位，为祖国的繁荣富强、和谐发展而毕生奋斗的同志！却在说不出感谢的此时，一条历史长河已静静地流入我的身体，成为我的生命我的历史我不朽的信仰！歌在河里诗在河里希望也在河里。我知道再也用不着说感谢了，我的生命正虔诚地答复着这个感谢，印证着这个感谢，践行着这个感谢！醉过方知酒浓，爱过方知情重；您梦里有我，我醉了也永不忘您！

（本文于2010年获得东里镇征文一等奖）

# 爱我所爱，无怨无悔

经过了一个忙碌的学期，刚刚送走了又一批高三学生，把他们送上大学的彼岸。暑假到来，我让自己，化身为一条小鱼，沉进书的海洋，呼吸一下书香的气息，补充一下大脑因忙碌奔波的知识缺氧。我拜读了孙春成老师的教育专著《新课程语文教育随笔》。孙春成老师学识渊博，专业素养厚重。该书是孙老师对语文教育教学思考的心血结晶，他从教育理念，教师素质、教育科研、课堂教学、教学方法等，阐发语文立体教育教学思想与智慧；并就语文教学改革中的热点、焦点、难点、盲点问题谈自己的见解。孙老师采用一事一议，有理有据，发人深思，又有很强的可操作性。该书对于指导广大语文教育工作者转变教育观念，提高自身素质，增强科研能力，创新课堂艺术，改革教学方法，争当专家型教师，尽快适应并搞好新的课程改革，皆有借鉴意义。孙老师在教学第一线耕耘之余，善于反思，善于总结，并对教学的方法进行归纳升华并无私地传授给后学，这种敬业专业的精神值得我们学习和佩服。掩卷沉思，我在深受孙老师启发的同时，也对自己从教21年的语文教学之路开始了反思和审视。

## 我的故事

我从教21年来，始终安心在经济落后的农村中学任教，能认真学习党和国家关于教育的政策法规，学习现代教育理论，有效地提高了自身教育理论水平。我逐渐形成了“立德树人，以生为本”的教育理念和“自悟为主，勇于取舍，精当点拨，培养能力”的教学策略。我历任从初一到高三各个年级的语文教学工作，完成中学语文初高中大循环教学工作。同时兼任学校语文组教研组长14年，班主任6年，教务处副主任1年。我积极参加学校的各项课程改革和教学研究，敬岗爱业，责任心强，脚踏实地，勤勤恳恳，任劳任怨，21年来一直承担满额工作量。面对农村中学学生素质较低的难题，我竭尽全力，千方百计为提高学校语文科成绩尽一己的绵薄之力。通过以教研组为主阵地，通过“语文高效教学模式”的课题研究，专题讲座，听课评课等活动，我竭尽全力推动学校语文组的整体水平。经过不断努力，2011年，我校语文组被评为“澄海区先进教研组”，我也被学校连年评为“优秀教研组长”；2007年被评为“澄海区优秀教师”；2013年被评为“汕头市教学改革先进教师”。2018年，我又荣幸地被评为“广东省第十批特级教师”。21年弹指一挥间，教学的故事一幕幕上演，真的无法一一诉说。下面，我选择在语文教学感受最深的两点来谈谈我的点滴感悟。

## 我与作文教学

我清楚地记得在2015年11月30号至12月6号，我有幸到广东第二师范学院参加了由汕头市教育局组织的语文骨干教师的培训。虽然只有短短的一个星期，但近距离聆听了几位专家的教诲，我真是受益匪浅。其中，我最佩服的是叶昌前教授。一天的时间，将近八个小时的演讲，单凭一张口，不用任何的教案课件。叶教授用他幽默的语言，渊博的知识，丰富的经历，征服了我们，点燃了我们。我惊叹他怎会有如此丰富的思想和词汇？而这个谜底很快揭开。因为，叶教授在演讲中多次强调读书的重要性，特别是对写作文的重要性。对此，我有深深的同感。王国维在《人间词话》中关于古今之成就大事业大学问者，必经过的第三种境界“众里寻她千百度，蓦然回首，那人却在灯火阑珊处”，用来形容作文，我想是最恰当不过。为了提高学生的作文能力，我们的语文老师真算是用尽浑身解数，可惜收效甚微。究其原因，我认为我们往往只重视在课堂上单纯对学生进行写作方法的指导，而忽略了

“读”这一重要环节。这几年来，我参加汕头市级课题“语文高效课堂教学模式研究”，在不断的探索实践中，对于作文这一板块的教学，我尝试采用“读、悟、写”三步教学法，即“在阅读中感悟，在感悟中写作”。具体的步骤为：读主旨，悟立意，写文章；读结构，悟谋篇，写文章；读词句，悟语言，写文章；读材料，悟构思，写文章。这一教法突显了“读”的环节在作文中的地位，让学生在阅读的过程中感悟写作，让学生从阅读中激活思维启迪灵感，激发写作兴趣与欲望。经过这几年来的付出与努力，我欣喜地看到了学生的写作能力逐渐提高，这种重视读书进而来提高作文能力的方法收到了不错的效果。我的做法，和叶教授所提倡的，刚好“不谋而合”。可见，读书和写作既自成体系，又相辅相成，在指导学生读书的同时对学生进行相应的写作训练，双管齐下，一箭双雕，是提高学生写作能力的重要途径。我国伟大的现实主义诗人杜甫曾用最概括的语言表达了读书与写作的关系“读书破万卷，下笔如有神”。可以说，从某种程度上看，读与写密不可分，读可促写，读是写的前提。读可以为写提供参考模式，读可以给写以更多的启发。能读然后才是会写；善读并好读之人，才能迅速提高写作水平。通过对作文教学的思考和研究，2014年我所撰写的教学论文《弹起我心爱的作文三步曲》获汕头市教育学会一等奖。

## 我与阅读教学

“得语文者得天下，能阅读者得语文”。不论从新课改，还是现在提倡的新高考方案的改革，几乎在语文的教学中，阅读永远是最受关注的板块。我着力于新课标下高中语文阅读教学的研究与探索，研究新课标下教学资源的利用和课堂教学的优化，运用“筛选整合，拓展延伸”的策略合理利用教学资源，课堂教学中注重教师精当点拨，联系拓展，重视在阅读教学中，设置教学情境，如“文学沙龙”“辩论赛”等活动，让学生在积极参与中有所领悟，有效培养了学生自主合作探究的能力。在阅读教学中，我遵循教育教学规律，尊重学生个性特长，讲究教学方法，大胆进行教改尝试，积累了丰富的中考高考备考经验，初步形成一套行之有效的阅读方法并在语文组中推广。从2006年，我就带领全组教师参与澄海区教研室主持的“‘一多二精’语文教学模式的研究”课题研究活动并运用到教学实践中，使全组的语文教学成绩有了明显的提高。2006年带领初中教师进行阅读研究，参加汕头市教研室组织的“七年级下册第六单元教学设计”，并应邀在汕头市初中新课程语文阅读研讨会上做专题发言，阐释对阅读的思考。2007年起承担学校研究课题《探究式教学法》的研究工作，牵头并与徐学明等几位老师开展自主探究式的课堂教学，我通过实践和探索完成了课题报告《我是鸟儿我要飞翔——谈新课程标准下的语文探究性阅读教学》，荣获省教育学会论文评比三等奖；我每年都主动承担区性、校性、组性等不同级别的公开课，展示自己在诗歌阅读教学、小说阅读教学、散文阅读教学中的成果，受到区教研室领导和兄弟学校同行的高度评价，发挥了示范带头作用。2011年参加汕头市级课题“语文高效课堂教学模式研究”，在不断的探索实践中，我边研究边总结，2013年所撰写的教学论文《“读”你千遍也不厌倦》获汕头市教育学会一等奖。2012—2015年我所主持的汕头市“十二五”课题“语文高效课堂教学模式研究”也顺利结题。

今年的5月10日，我有幸参加了学校五个课题组同时开题的“开题报告仪式”，并作为《农村普通高中实施走班分层的有效性研究》课题组代表做开题报告的发言。各级领导及兄弟学校100多位嘉宾参加了我们的开题报告仪式。我深深地感受到了一种激情四射的教研氛围，并让我看到了我们农村中学的“科研兴校”的愿景。感谢孙春成老师，让我学会了读书、写作、反思、提升，让我更加坚定信念——爱我所爱，无怨无悔！

（本文获得2018年澄海区征文比赛二等奖）

# 教育不只眼前的苟且

教育在左，师德在右，走在生命的两旁，随时播种，随时开花，将这一长径，点缀得香花弥漫，使穿枝拂叶的行人，踏着荆棘，不觉得痛苦，有泪可落，却是幸福。

——引子

## 缘起

今年来，朋友圈最流行的一句话就是："生活不只眼前的苟且，还有诗与远方。"而当我在看了近段时间在网上疯传的《18日，我辞掉了正式在编教师工作！漯河教师都看哭了》的文章；当明白那位仅工作三年的年轻女教师辞职的原因是因为"钱少，事多，离家远"；当这篇文章受到一些同行的追捧并纷纷吐露出心中的苦水；我想我不能再沉默了，我只想在白云蓝天下，在小桥流水边，轻轻说一句：教育不只眼前的苟且，还有诗和远方！

## 仁爱如春风细雨

我还是喜欢讲自己的故事，就像我在课堂上总喜欢讲自己故事给我的学生听。我想这是我受到学生喜欢的原因，其实他们的老师我学识并非多渊博，但我绝对是用真心真情在爱着他们；而今天我想讲讲我的两个故事，也只是用真心真情来诠释，我所理解的教育和师德。

我想起了遥远的16年前，那个寒冷的冬日下午。那时我在学校任教已三年了。外面有阴雨，我在被窝里睡懒觉，难得的周末。美梦中，我被一阵急促的电话铃声吵醒。我睡眼惺忪地接过电话，听到的是一个陌生的男子的声音：“你是林老师吗？我是某某书店的，你能过来一下吗？你的学生在我们店里偷了一本书。”我感觉我当时怔在电话旁，半晌都没反应过来，简直不敢相信自己的耳朵。但很快，我立即回答说我过去。披上大衣，我骑着自行车冒着雨急匆匆赶到镇里的那所书店。当踏进店里的一刹那，我看到了那个低着头流着泪蜷缩在角落里的女孩，我的脸色和天空一样阴沉，天哪，真的是我们班里的小陈！那一刻，我除了恼怒，更是羞愧！我甚至不敢和店主的眼睛对视，我也低着头，说话断断续续，我感觉我也是一个犯错的孩子！真的，平生第一次，知道什么是耻辱，虽然犯错的不是我，但她是我班里的学生啊，这让我这个班主任的脸往哪搁啊！但望着那个可怜兮兮的女孩满是泪水的脸，最后，我压抑住一腔的恼羞的怒火，冷静地问清事情的来龙去脉，交清了书的钱数，在众目睽睽下，有点悲壮地领着女孩快速离开。

我把她带回学校的办公室，给她倒了一杯水，尽量用平静的口吻对她说：“现在，你能告诉我，这么做是为什么吗？”女孩在这时候，完全卸下心里的负担，把一切都告诉我。原来她生长在一个家庭富裕的商人家庭，父母整天忙于生意，她又要做家务，还要照顾三个弟妹。稍有做不好，父母除了责骂，很少关心到她的生活和思想。所以，久而久之，她感到厌烦不堪，她感觉没有人能注意到她的存在。那天下午在书店，她明明知道口袋里没带钱，但突然动了偷书的念头，或许是故意报复父母对她的漠视吧。可是当事实发生后，她又怕了，她父母将对她怎样惩罚，怕再也得不到父母的信任和爱，所以情急之中，她想到了我这个救兵，所以把我的电话号码告诉了店主。我说：“你就不怕我不来救你吗？”她的眼神里闪过热切的光芒，坚定地说：“你不会，因为我觉得你是一个好老师！”

那一刻，一句“好老师”让年轻的我心中骤然升起了暖意，我感觉自己的形象好像高大许多，我还有理由去对她生气呢，刚才的屈辱好像也立马消失了。不过，我没有飘飘然，而是心平气和地对她讲了很多，让她明白在今后的人生道路上该如何走，让她明白一个人的诚实和信誉是多么重要，让她明白该如何理解孝敬父母和追求自己的理想……最后，我向她郑重承诺：这件事是我和她两个人之间的秘密，只要她走上人生正确的道路！

是的，16年了，这一直是我心中的秘密，我知道女孩后来兑现她对我的诺言，她考上了广州的大学，毕业后留在广州工作，现在已经结婚生子，过上了幸福的生活。我们之间失联好多年，直到去年教师节，我收到一份从广州寄来的礼物——青花瓷的钢笔，上面别有用心地刻着我的名字，才知道是她辗转询问到我的消息后寄来的，我的内心，收获满满的感动和自信。

杨绛说："好的教育不是硬塞给孩子大道理，而是言传身教潜移默化的积极影响。"是的，我知道当年年轻的我并没有做什么，我只是尽到一个老师该尽的教书育人的责任，我只是用我的宽容和爱心感动了女孩，我只是对得起我的良心，而这些，不就是平凡得如那原野上的春风细雨般的师德吗？！"师德"并不是高大上遥不可及，它就在你的身上，在言谈举止中，润物于无声！

## 我只愿做摆渡人

这是刚刚发生在我今年送走的这届高三的毕业生身上的故事。

江湖夜雨十年灯，不止十年了，在这个平凡的讲台，在这个远离城区的村庄，在这个历经变迁依然焕发生机的学校，我已经从教19年了。当年那个"我自横剑向天笑，去留肝胆邹鲁边"的充满豪情的年轻女教师，在红尘滚滚中，是否已经"折戟沉沙铁未销"了？！不可否认，我也曾消沉过，失望过，痛苦过，后悔过；但带了14年的毕业班，从初三到高三，我更多是收获了，感动了，蜕变了，成长了！

最让我难以忘怀的是这届高三的小林，那个内向倔强偏激脆弱的男孩。犹记得那个下午，他涨红着脸，向他班主任恶狠狠抛下一句"我报毕业了"。他的班主任在了解情况后让他填好表格，等家长签名后就同意他提前离开学校参加社会实践了。我是他的语文老师，当时他填完表格从我身边经过时，我觉察到他的情绪有点异常，就叫住他，叮咛他几句。其实在我们这些农村中学，因为成绩较差和家庭的原因，会有一部分学生提前毕业。但所有提前离开的学生中，我还真没见过一个像他这样异常的。果然不出我的所料，两天后，在办公室，我见到了他的父亲，一个衣衫陈旧，神情暗淡的中年男子。他见面的第一句话是：救救我的孩子吧！

原来，小林其实是喜欢读书，想和班里的同学一起去参加自主招生，他报考的是中山火炬职业技术学院，但因家庭经济困难，在遭到父亲反对后，他才赌气报提前毕业。但自从回到家后，他开始不言不语，以绝食抗议父亲的做法。真是一个傻孩子啊，在感叹之余，我突然发现他的父亲已是泪眼婆娑。一个流泪的男人是让人震撼的，我安慰他的父亲，建议他同意儿子去中山考自主招生，费用我们老师来出。因为那一刻，我的内心波澜起伏，我不忍心让一只鸟儿过早地断了翅膀，从此停止追求理想的脚步。他的父亲喜出望外，让我和小林通了电话，鼓励他回来参加自主招生。后来在我的倡议下，我们办公室捐出了2400元，全部送到小林家。

本来一切应该如愿的，但一波未平，一波又起。在同学们满怀信心去参加自主招生的考试时，小林却没去参加了！这真的令我又急又气，到最后了解原因，原来问题又是出在他的父亲身上。因为小林是家里独生子，他父亲舍不得他将来去远方读大学，在临出发前又和小林吵了一架，并要求儿子别去了，情绪失控的小林撕掉了准考证和车票，最终放弃了。于是，悲剧又是重演，几天后，他的父亲又失魂落魄地到学校，见到我的第一句话又是：救救我的孩子！小林又以绝食抗议无知懦弱的父亲，已经卧床不起几天了。

那天夜晚，又是寒冷的阴雨，我和他的班主任赶到他家时，看着他四壁萧然的家，看着他哭红双眼的母亲，看着他病弱兮兮绝望的眼神，我的眼泪也悄然飘落。我心疼地说："孩子，你这是何苦啊，你要让我们多担心！"后来，在做通了小林父亲的思想工作后，在我们的劝说下，小林又回学校读书，并一直坚持到高考完。可惜的是，他最后只是考上了三B类的学校，在考虑经济的原因后，在家长的请求下，在征得他的同意下，我竭尽所能帮他联系上汕头的技校，他现在终于选择了喜欢的专业，在技校开心地学习生活。一切终于尘埃落定，我悬着的一颗心也终于放下了。

张嘉佳说："世事如书，我偏爱你这一句，愿做个逗号，待在你脚边。但你有自己的朗读者，而我只是个摆渡人。" 摆渡人，一个平凡但神圣的角色，这也该是对爱岗敬业、乐于奉献的"四有"好老师的最好诠释吧？！

## 诗和远方的追求

教育不只眼前的苟且，还有诗和远方！

我所理解的眼前苟且，是指或许我们教师在社会上地位不是很高；或许我们教师还会受到一些人的误解和不尊重；或许我们教师一生清贫两袖清风。但我们还有诗和远方，那就是一世坚守换来的桃李满天下；那就是百转千回永不放弃锲而不舍终把学生送上成功的彼岸；那就是因为有理想信念，有道德情操，有扎实知识，有仁爱之心，而能让我们屹立成俗世洪流中的一道道精神丰碑，诗意地栖居于地球上！

董仲蠡说：“教育是社会良心的底线，是人类灵魂的净土，是立国之本，更是提高个人修为，增强我们对于生命的感受力，从而更好地认知自己，并且不断地提升自己，这是教育的核心目的。”是的，我们一直在路上，“甘守三尺讲台，争做‘四有’老师”是我们一直无怨无悔的追求。

在岁月的诗行，谱写如莲的心境，繁华尽处是平淡，铅华洗却非寻常。为天地立心，为生民请命，为往圣继绝学，为万世开太平！

# 敢唱一曲“红头船”之歌

## 第一乐章：沉没

漫步在学校那小片苍翠的竹林下，我想起一位名人曾说过：“生命岂能如雪，悄悄地来，倏然地消融，平淡无奇怪；生命应是冰雪覆盖下的江流，奔腾出一段壮丽的行程。”是的，我总觉得，人活着，应该有点精神动力。我相信，凡人都害怕空虚。那正像无数条虫子，悠哉悠哉地生活在你躯壳里，吞噬你的精神、意志。然后，你就沉没在汹涌澎湃的大海里，从此无声无息；然后，世界上又少了一个“活着”的人。

那种空虚的感觉，其实我曾有过。从充满诗情画意的大学校园到平凡枯燥的工作岗位，喜欢追寻太阳的我，其实一度跌入黑暗的旋涡。也不是没有阳光，只是那阳光太微弱，我想：那就沉没吧，别总是自命不凡，其实你很平凡！平凡得如一颗不起眼的尘埃！

## 第二乐章：蜕变

我让每一个匆匆流逝的光阴从我指尖滑溜溜地飞过，慵懒的我冷眼看着周围的世界，直到2003年新校址的搬迁。由于学校发展的需要，我们和东里四中对换校址。张校长带领原班人马，开始艰难的“东部大开发”。占地六十亩的新学校，其实除了杂草丛生和一幢光秃秃的五层教学楼外，什么都没有，连校门也不成样子。我不懂在这艰苦的环境下，张校长将带领我们进行怎样的“艰难创业”。但为了全校师生，为了学校的发展，我们那个沉默寡言，雷厉风行的张校长，其实一直都是脚步沉稳、走在漫漫征途的前头，带领我们，走过风雨，踏过霜雪，没有一路的掌声和欢歌，只有一串串浸着汗水浸着心血的平凡脚印！

当我沉没在大海里的时候，其实我清楚，是张校长把我这条小鱼捞上来，刚搬到新学校，他就让我负责毕业班的语文。我诚惶诚恐地推卸，因为我没有“初生牛犊不怕虎”的拼劲和冲劲。但他只简单丢下一句话：“相信自己！”于是，万般无奈的我只好踏上征途。从精心设计好每一个教案，到认认真真上好每一节课，我和我们的莘莘学子，同样走过一条辛酸的路。每当看到学生们在夕阳里疲惫的面容，我总是一阵心疼。但“路漫漫其修远兮”，我们还是“你手牵我手”坚持走下去！总相信路的尽头，会有“柳暗花明又一村”！我也惊讶自己为何在困境下还能保持如此浪漫乐观的心情，但当看到张校长那早出晚归的忙碌身影时；当看到他坚毅沉着坚强自信的脸时，我已丝毫不敢让自己再变回原形。如果说我们毕业班的老师是一根根崩紧的弦，那张校长，应是崩得最紧最超负荷的一根。时光老人的脚步走得很快，一转眼迎来了黑色的六月。我从没感到自己的肩上是如此地“泰山压顶”，周围的空气弥漫着灼人的气息，似乎很静又似乎涌动着一股暗流。“不在沉默中爆发，就在沉默中死亡”吧！——幸而，捷报频飞，喜讯频传。那年中考迎来了历史上的新高，谢雯同学获得澄海区总分第一名，陈培娜、林禄同学分获澄海区第三、第十名，共有64位考生上重、副点中学。高考也取得骄人的成绩。本科线17人，3A线45人，共有170名考生上线。追忆往昔，我们应该感谢所有为之付出辛勤血汗的人。说真的，这一年中，面对黑色的天空，当我无助无奈想放弃时，总有一股力量在推着我这只摇摇晃晃的小舟继续向前。那股力量，来自学生们的明礼诚信，不倦追求；来自同事间的团结拼搏、携手共进；来自张校长的开拓创新，敬业奉献……总之，经过一年的风雨，我发觉自己已蜕变成一只懂得拼搏懂得进取的蝴蝶了。

## 第三乐章：反思

人民和历史最终接受的，是坦诚而透彻的生命！

“经历风雨，终见彩虹”，但“彩虹”不会永恒，当我们还沉浸在以往成绩的喜悦时，又是我们的林校长最先在我们每个人的耳边敲响警钟：“我们要反思成绩……”于是义无返顾，再上征途，我感到很累也很怕，但“人在征途，身不由已”，遥想当年，我们的祖先乘着红头船，在风里浪里打滚时，他们肯定也是累过怕过吧？但“大海航行，不进则退”，为了生存，为了发展，你能退缩，你能胆怯吗？于是一路跋涉、一路辛酸，冲击海浪，冲击暗礁，直到彼岸。彼岸上，并没有黄金满地，并没有香车美女，于是继续冲击，永不言败！于是在洒尽血泪的同时，他们也迎来了一片艳阳天……一样的艰辛一样的泪水一样的拼搏一样的欢笑啊！我真的惊叹潜藏在人弱小身躯内的不可藐视的生命力！滚滚江尘，芸芸众生，都只是沧海一粟！但这微不起眼的一粟，历经风雨的洗礼，历经拼搏、拓展、创新、奉献，却能创造出生命的奇迹，铸就生命的辉煌！以前为张晓风的《敬畏生命》而感动；今天，在读懂了“红头船”的内涵后，我同样被深深地震撼啊！其实我未曾见过真正的红头船，也曾想到故乡的樟林古港去“凭吊遗迹、怀念先人”，期望让自己的血脉浸入一点“红头船”的光耀。但我知道我必定失败。而当自己在经历了东中校址的搬迁，读懂东中“三度更名、三度易址、四度改制”背后的辛酸；看到两届校长带领我们一路披荆斩棘；带领我们走过黑色的六月；带领我们反思“辉煌”；带领我们继续开始长征……我感动了！没有凤凰涅槃的崇高境界，也有丑小鸭变成“白天鹅”的欣喜、自信、期待……我不敢说校长们是多么伟大，但我敢说他们都是一条条敢冲敢拼永不言败的红头船，永远航行在最前面，带领我们这一条条小船一起扬帆出海。不管海的彼岸有没有亮丽的风景，不管海面上有多少狂风暴雨；中国的牛只懂低头犁田，那我们，就只懂搏击风浪，只懂迎接挑战！你听，那星空下闪烁着银光的海面上，正荡漾着一支蓝色的歌——

“莲花山环，南海水绕，灵山秀水环绕成一个温暖的怀抱。这就是东里中学，这就是我的母校。活力四射的青春，我是这里的主色调。让最纯净的阳光把成长照耀，让红头船的性格把一生塑造……”

# 德育心声

DE YU XIN SHENG

让每一个青少年的生命之舟
都能安全度过人生的惊涛骇浪而到达成功的彼岸

# 特别的爱给特别的你

## ——浅谈“单亲家庭”孩子的教育

近年来，随着社会离婚率的普遍增高，“单亲家庭”的孩子也异军突起，他们和一些父母早逝的孩子，成了校园中一道特殊的风景，这最令班主任感到头痛和棘手。父母离异或早逝给孩子造成了无法愈合的创伤。他们发现自己被一种莫名的、无法驾驭的势力从背后插上一刀！一位美国心理学家说：“孩子们在自己家里学习人与人之间关系的规律，当他看到家里正在出现裂变的时候，他感到自己的世界粉碎了。”父母的离异或早逝使他们像一叶叶孤舟在惊涛骇浪中茫然失措，颠簸沉浮。孩子们普遍反应是震惊、愤怒和沮丧，或者以压抑童心为代价，过早地自我克制，从而导致了性格的畸型。这表现为：①孤僻、怪戾、叛逆不合群；②自尊、自傲、自卑、自弃交织在一起；③是非观念模糊、易打架闹事；④缺乏强烈求知欲、学习能力较低。

开学不久，通过学生周记我了解到，我班学生中因父母离异或早逝的“单亲家庭”孩子有7人，约占全班总人数的10%。这个数字无疑给我相当大的压力。我知道他们是班里的动乱因素，如果不正确引导，恐怕会爆发“世界大战”。于是，本着一颗拳拳爱心，我以“严中有爱、严中有度、严中有法”为指导思想，对他们的教育进行一番尝试：

**一、热爱学生，使其消除戒备心理**

没有爱，就没有教育。爱是教育的基础和前提。只有热爱学生，才能走进他们尘封的心灵天地，做好他们的转化工作。父母的早逝或离异，无疑在孩子幼小的心灵上投下了巨大的阴影。这个可怕的阴影使他们丧失生活目标，对外界一切的人充满敌意和不信任。我班的小徐就是一个典型例子。我常收到同学投诉他的种种“罪状”，找他来谈心时他一副玩世不恭、吊儿郎当的样子。更令我吃惊的是这个小男孩的心态与年龄很不相符，似乎已看透一切，饱经沧桑。他说他对人生已失去兴趣，不知道活着是为了什么。经过询问，我才了解到他的亲生妈妈在他小学时就去世了，现在的妈妈是他的后母。妈妈去世的阴影一直困扰着他幼小的心灵，他感觉这个世界已缺少温情。我用温柔的态度慢慢劝解他，他答应我要改正缺点、重新做人。“精诚所至、金石为开”，通过这种真诚的谈话方式，小雨、小李、小张等同学，在我的爱意温暖下，他们都向我敞开了心扉，逐渐解除了对我的敌对情绪。

**二、对症下药、“解铃还须系铃人”**

俗话说：“江山易改，本性难移。”这些“单亲家庭”的孩子之所以成为“问题学生”，并非一日之寒。因此，转化矫正他们的心理和行为，不可能指望“一举生效”。正如刚在向“好学生”转变的小徐又卷入一宗打架事件。那时我感到束手无策。因为像他这种近乎“无赖”心理，怎样批评都是耳边风。突然一句“解铃还须系铃人”令我灵机一动。我问他：“你爱你亲生妈妈吗？”答案是肯定的。我再问：“你觉得这样做对得起她吗？若然她在地下有知的话，看你这样她不会痛心吗？你忍心让她为你牵挂担忧吗？”这时他的眼角悄悄淌下泪水。我再进一步对他“动之以情，晓之以理”，使他完全认清自己缺点，诚恳接受了教育。再如顽劣的小雨，他妈妈与滥赌成性的爸爸离婚后带着他艰难地生活。他的性格更加孤僻，狂妄，虽生性聪明但纪律性较差。我同样对症下药，以他妈妈的痛苦和寄予他的期望对他进行一番教育，我每一句话都说进这个孤僻男孩的心坎里，他也哭了，在周记中他写道：为了妈妈，我决心做一个坚强懂事的男孩。在以后的日子，他慢慢地转变了。

**三、培养良好兴趣，使其实现兴奋点转移**

“单亲家庭”孩子大多胸无大志，对学习不感兴趣。兴奋点在吃喝玩乐、打架闹事。这些学生精力旺盛、活泼好动。如果把他们的兴奋点转移到有益的活动上来，就能取得“磁石吸铁，驷马难掰”的教育效果，与不良行为告别。因此，当我了解到小徐的特点是幽默诙谐时，我让他在主题班会上多次表演小品，并参加“五四”文艺汇演；小张虽成绩差但有朗诵天赋，主题班会上我让他表演诗歌朗诵；小雨有数学天赋，我让他参加数学竞赛；小陈有艺术细胞，我让她参加舞蹈表演；等等。我有意识地创造机会让他们充分发挥天赋，把精力、兴奋点引导到有益的活动中去，让他们在活动中享受成功的喜悦、重新树立起信心。实践证明，良好兴趣的培养，能促进学生学习积极性的提高，从而实现学习成绩和思想上的同步提高。

**四、发挥集体力量，让学生感受集体温暖**

良好的集体生活可以逐渐培养一个人的集体精神，这是克服个人主义，英雄主义以及悲观懦弱思想的有效武器。因此，中外教育专家都十分重视集体的力量来实现学生社会化。“单亲家庭”的孩子往往将自己孤立于集体外，与集体格格不入，不愿意别人亲近他，也不愿意主动去亲近别人。因此，我总是鼓励他们积极参加集体活动，如运动会、“五四”文艺汇演、拔河比赛等，并举行“心中有他人”的主题班会，教育其他同学都来关心、帮助他们，使他们在情感上获得补偿，心灵上获得安慰，用集体的温暖去感化一颗颗曾经受伤的心。让他们重温家庭幸福，走出阴影的困扰，共同为建设“互帮互助、团结协作”的优良班风而努力。值得一提的是在第二学期开学时，小徐曾闹过一次辍学的风波。冒着阴雨我连续家访了五次，一方面做他爸爸的思想工作；一方面发动全班同学到处寻找已几天没回家的小徐。经过我和同学们的努力，终于在开学第二周，他奇迹般地重回初一（4）班这个大家庭中。他说：“在外面流浪这么久，还是觉得这个‘家’好！因为这里让我感到温暖。”更可喜的是，这些孩子在感受了集体温暖后，也懂得去关心帮助人，在“学雷锋活动月”中表现积极，这是他们思想转变的一大飞跃。

**五、帮助学生正确处理男女之间的友谊**

据儿童心理学家们观察：当家庭遭遇不幸后，女孩子会从她所交往的异性中寻找一个依靠；而男孩子则会把目光转向女孩……再加上初中学生正处于青春发育旺盛时期，心理和生理都在迅速发展变化，对异性都有一种朦胧的幻想和追求。因此，“单亲家庭”孩子的“早恋”现象更为严重。据我了解，小徐、小雨、小陈都有此倾向。特别是早熟的小徐，听说和初一（1）班的小李关系密切，晚上曾相偕出游，且在周记中大胆地问我：这是不是“早恋”？我对此没有动怒，而是对他进行正确引导，让他了解到这种“早恋”实际上是一种对异性交往的冲动。但弊多利少，建议他们把关系处理成男女同学之间正常的友谊。又如小雨，喜欢与女生玩耍，有几个特别要好的“契姐”；小陈则喜欢与男生交往，有一个关系密切的“契兄”等。为此，我特地在班里举行“慎重交友，自尊自重”的主题班会，帮助他们把情感引到正轨上，全副精力投入学习。

“单亲家庭”孩子的转化实际也就是他们思想中“天使与魔鬼”不断斗争的过程。这是一条荆棘密布的漫漫长旅。我只想学春雨，润物细无声，轻轻地为孩子们洗刷掉已察觉和尚未察觉的尘埃，使大地生命力再现，散发出沁人的芬芳：我只想把“特别的爱献给特别的你”，使一棵棵在阴影困扰下的小树苗重新茁壮成长，共同撑起一片蓝蓝的天空！

（本文获得2000 年澄海区德育论文评比东里镇一等奖）

# 花儿为什么这样脆弱

## ——浅谈中学生自杀的原因及预防

据北京大学儿童青少年卫生研究所最新公布的《中学生自杀现象调查分析报告》显示：中学生每5个人中就有一个人曾考虑过自杀，占样本总数的20.4%，为自杀做过计划的占6.5%。

据悉，该调查从2004年启动，涉及全国13个省约1.5万名学生，其中，女生数量略高于男生，平均年龄16.3岁。调查数据显示，在过去1年内，有20.4%的学生（男生为17.0%、女生为23.7%）曾考虑过自杀，6.5%的学生（男生5.7%、女生7.4%）为自杀做过计划。看着这一组触目惊心的数字，你不会不动容。特别是我们周边的地区也接二连三发生了中学生自杀的悲剧，这令笔者感到一种摧心蚀骨的痛。我们会不由自主地感叹：花儿为什么这样脆弱？本文试从中学生自杀的原因及预防措施等方面进行理论上的初步探讨，为中学生的自杀揭开神秘的面纱。

**一、中学生自杀的原因探微**

精神分析学派认为，自杀是死的本能战胜生的本能的结果。当支持生命力的重要支柱瓦解时，生的本能被削弱，死的本能占了统治地位，结果就会表现出强烈的自杀倾向。社会学认为，自杀与社会因素有密切关系。从心理因素和社会因素来分析，中学生自杀有以下原因。

（一）心理障碍是中学生自杀的主凶

现在有的中学生动不动就自杀，这是有心理障碍和认识上无知与幼稚的表现，这与性格不成熟有很大关系。有自杀倾向的学生往往具有内向抑郁的性格，表现出的心理障碍有：怯懦、抑郁、孤僻、狭隘、悲观、依赖、敏感、淡漠、多疑、冲动、焦虑、自卑、自私、脆弱、走极端、承受力较差等。这些心理障碍在外部因素的刺激下，很容易导致学生自杀。具体说来有以下几种：

1.认知偏差。极端的认知容易导致极端的行为。有的学生在认知上以偏概全，比如：一次考试失败了，他却概括成“我什么都失败了”。高考落榜生自杀往往是这种认知偏差的心理障碍造成的。

2.情绪障碍。自杀者常常表现出明显的抑郁情绪，几乎所有的抑郁症学生都有不同程度的自杀倾向。而绝望是比抑郁更直接地促成中学生自杀的心理因素。

3. 挫折容忍力差。大多数中学生自杀是因为不敢面对挫折和失败。一个挫折容忍力差的学生，一次考试的失败就足以引起他强烈的不良情绪反应，甚至使其放弃生命。我区去年自杀的那个高一女学生就是因为期中考试让她觉得很失败，成绩还没出来她已选择自杀了。

4. 个性偏差。自杀者往往有孤僻内向、心胸狭隘、敏感多疑、多愁善感等不良个性品质。他们往往把自己封闭在一个黑暗的空间，害怕和别人交流也害怕别人走近他们，在极端压抑孤独中他们只能走向毁灭。

（二）早恋问题是中学生自杀的另一大原因

据调查，很多中学生是因为早恋问题而自杀的。青春年少，风华正茂。少男少女在这时候对异性产生朦胧的好感是一种正常的心理。但是，总有一些少男少女，悄悄地谈起了恋爱而影响了学习。他们的反常举动往往没有逃过父母的眼睛，在父母的严厉“拷问”下，有的孩子就把一切都“招”了。然而父母面对孩子早恋这一事实，没有正确引导，而是给予了种种限制和命令，让孩子忍无可忍，而走上了不归路。其实，发现孩子的情感问题，家长应该采取引导的方式，而不是紧盯不放，更不能以语言攻势告诉孩子应该怎么做，不应该怎么做。如果用命令的口吻，直接给孩子的感觉就是：我通过痛苦的改变来满足你们的需要。以这种方式教育孩子产生的效果非常小，孩子会非常抵触，甚至产生轻生的念头。前几年我区就发生了一对高中生早恋被父母斥责后双双跳河自尽的悲剧。

（三）学习压力过大，中学生自杀行为发生率高

面临中考、高考，父母的高期望值、千军万马过独木桥的恐惧，足以让孩子的心理压力无限增大。另外，父母对孩子的高期望值，学校对孩子的严加管理，使得孩子把大量的时间都用在了学习上，无形中就缩小了孩子的活动范围，使得孩子无暇去进行其他的娱乐活动。孩子没有娱乐空间，就少了很多快乐，就会觉得生活索然无味。而女孩子的情感普遍内敛，不像男生那样更容易宣泄不良情绪，所以，在学习的压力下，女孩子更容易选择屈服。去年高考放榜后，我们周边地区就有一个学生因为成绩不理想而选择结束自己年轻的生命，听后不由得令人扼腕叹息。

（四）父母离异、单亲家庭的中学生的自杀倾向也会增加

根据调查结果，单亲家庭或是重组家庭的孩子想自杀的概率基本上是正常家庭孩子的两倍。本来青春期的孩子心理发展不成熟，一方面需要独立，另一方面需要家长情感方面的支持。可是这时候，父母离异了，父母离异一般不是友好地分开，而大多数是吵得比较厉害，很多时候，父母中的一方会跟孩子说另一方的坏话，比如有母亲就会对孩子说："是你爸不要我们了，你要爱我，不能爱你爸。你以后不能像你爸这样对妈妈不好。"这对孩子是很大的压力，对于孩子来说，父母都他最爱的人，可是现在，孩子心里的这种社会支持系统没有了，或者是更弱了。每个人心里都需要有一种社会精神的支持网络，孩子就更需要。所以，在自杀的中学生中，因为父母离异，精神世界崩溃而走向自杀也不乏其人。

（五）家长过度溺爱，中学生的自杀念头也会增多

从调查数据中发现，如果父母过度溺爱、保护孩子，孩子的自杀意念、自杀计划的发生率也会高。因为大部分父母对孩子的关注是集中在物质上，而对于精神上关注却很少。家里任何事情，都不用孩子做，孩子就没有机会帮助别人，这是剥夺了孩子从小体验成就感的机会。孩子情绪不高，家长也很难注意到，家长一旦发现孩子的心理问题，一般已酿成了大错。所以我们倡导父母，在物质上，对孩子要减少关注。但是孩子的情绪，一定要注意关注。

（六）家长总挑孩子毛病，中学生的自杀倾向也会增加

调查显示：家庭中，如果父母理解孩子，平时，父母知道孩子去哪里玩，

孩子的朋友是哪些，孩子的自杀意念及计划就会较低。因为，孩子能够把这些告诉给父母，说明父母与孩子的沟通是比较好的。而如果家长总是拒绝或是否定孩子，总觉得孩子不好，总给他挑毛病，孩子的自杀意念、自杀计划的发生率也会比较高。我们的家长教育孩子的时候不是采取鼓励的方式，而是打压，如果孩子有优点，家长一般看不到，即使知道孩子的优点，也不会表达，一般都会说“你看你的同学某某，多用功”，这就加重了孩子的自卑感。可自卑感表现出来就是自尊心特别强，不能容忍别人说自己不好，承受打击的能力相对而言落差就会很大，落差大意味着挫折感的程度大，挫折感的频率自然也会增多。曾有一个女学生告诉笔者，她想自杀。当追问她发生了什么事时，她回答：父母很重男轻女，弟弟所做的一切都是对的：而她所做的一切都是错的。今天她忍不住和母亲顶嘴时，母亲说“你去死吧”，所以她决定用死来让父母后悔一辈子。在笔者的劝导下，一场悲剧才没有发生。

（七）不良社会风气是中学生自杀的帮凶

我们的社会正处在一个急剧变化的时期，社会风气对中学生的影响很大。由于社会上暴力文化和色情文化泛滥，传媒片面宣扬狭隘的个人英雄主义，一些缺乏是非观和判断力的中学生被这种不良社会风气引上了不归路。以为通过自杀，能完成自我的完善或达到人格的升华来摆脱痛苦与烦恼，轻松到达人生的彼岸。殊不知生命只有一次，死了就一了百了，还能谈什么？达到什么？实现什么？

**二、防止中学生自杀的有效措施**

（一）进行死亡与生命教育

要教育学生爱自己、爱他人、爱社会。一个缺乏爱的人，不但对他人冷漠，而且轻视自己，这是极为危险的倾向。学生遇到一点挫折、打击，就选择终结生命作为解决方式，这除了心理脆弱和无知以外，跟社会、学校以及家庭对中学生缺乏死亡和生命教育有关。生命和死亡教育在我国是一项空白。在国外，从初中二年级就有了关于死亡教育的课程。教育学生用客观、科学的态度看待死亡现象，珍惜生命；让他们明白生命只有一次，死亡会给亲人带来巨大的悲痛，唤起中学生对生命的关注，是非常必要的，建议学校加强这方面的教育。

（二）设置自杀预防机构

当学生出现心理危机、面临生死抉择的时候，往往希望得到他人的帮助。

学校可以设置心理辅导教师、心理咨询室和咨询热线等，及时帮助学生解决心理障碍，把学生自杀的意念消灭在萌芽之中。学校还可以给学生发放自杀预防手册，让学生知道解决各种矛盾和缓解压力的方法。

（三）设置音乐治疗室

音乐治疗就是运用音乐的艺术手段所进行的心理、生理的治疗，也是一种康复、保健、教育的活动。音乐治疗是学校心理辅导和心理健康教育的重要手段，音乐治疗很适合学校的教育环境，对于预防中学生的身心疾病，调适学生的不良情绪，培养学生的健康情感和协作精神，促进学生的自我表达，开发学生的创新思维等都具有非常重要的作用。实践证明，当一个人处于悲伤、不满、压抑、痛苦中时，利用音乐可以让人情绪得以发散，解开心中情结，从而抒发情志、净化心灵，达到心理自助目的。所以学校可以设置音乐治疗室，并对“问题学生”开放，以此来作为一种心理治疗的有效途径。

（四）及早发现学生自杀的先兆，及时干预

中学生的自杀先兆主要有以下几种：

1.情绪反常。自杀者在自杀前往往情绪反常。平时忧郁的学生，突然情绪好转，显得非常轻松、愉快；平时开朗愉快的人，突然无精打采，心事重重。

2. 性格反常。自杀者在自杀前往往表现出与平时不同的性格。一个内向文静的学生可能会变得多话活泼，一个外向开朗的学生可能会变得不爱讲话；平时吝啬的学生突然花钱如流水，平时说话尖刻的人突然对同学很友好，平时很守纪律的学生突然经常上课迟到，等等。当一个学生性格突然发生较大变化时，教师就应对他有所警觉了。

3.行为反常。自杀者在自杀前往往会出现一些让人感到莫名其妙的行为。如有的学生会毫无原因地对同学说一些告别的话，突然向同学祝福，突然喜欢在桥上、铁路边走来走去等。

4.突然和他人谈论生死问题。中学生在自杀前喜欢和同学谈论生死问题和自杀的方式。因为自杀毕竟不是一件容易的事情，自杀者需要先说服自己接受自杀。同时，他们也希望别人说服自己放弃自杀，能给自己提供帮助。正是处于这样一种矛盾的心理状态下，他们不由自主地把生死挂在嘴边。

5. 写遗书。大部分中学生在自杀前会写遗书，留给亲人或朋友。这些遗书一般放在比较容易找到的地方。因此，有的学生在自杀前往往会频繁写信。

作为家长或者是教师要及时发现上述苗头，一但发现，及时干预，进行有效的心理辅导，防止学生自杀行为的发生。

综上所述，笔者主要从中学生自杀的原因和预防两个方面来揭开中学生自杀的神秘面纱。这虽是一个沉重的话题，但俗话说得好，“亡羊补牢，为时不晚”，回顾往昔，我们如果再不对此予以重视并付诸行动，那么我们未来美好的“花儿”还会在岁月风霜侵蚀下过早地凋谢。反思一下吧，该怎样锻炼我们的“花儿”有坚强的品性，该怎样让我们的花儿健康地成长，我们祖国的明天才会“百花灿烂”！

（本文获得2001年澄海区德育论文评比东里镇三等奖）

# 叩开那一扇扇沉重的“心门”

## ——中学生人格障碍个案分析

琼瑶小说中，一句“庭院深深深几许”曾令我感慨万千；而在班主任工作中，学生的“心之庭院”，深深深有几许，却是我一直在努力探究的航向。因为，那一座座“庭院”，是如此地深不可测；那一扇扇“心门”，是如此的封闭沉重。单凭你喊几句“芝麻开门”，是不可能出现阿里爸爸的奇迹的。可是，我分明感到，在那一扇扇沉重的“心门”背后，掩藏着一颗颗美好的童稚心灵；却因社会、家庭、挫折等因素影响，令一棵棵本该茁壮成长的幼苗患上“人格障碍”，而在“心的庭院”里痛苦地徘徊。想到他们，我让自己无声的心泪飘降，我要帮助他们！因为我听到他们灵魂深处对我发送的孤独无依、焦急求助的讯号——于是，我一直在为叩开这些沉重的“心门”而努力着。

心理学家通常把人格定义为个人的社会倾向性，指人的气质、性格、兴趣、爱好的综合表现，有时单指一个人的品德。人格障碍，从心理学和病理学角度分析，实际上是介于精神病与正常人之间的一种行为特征——明显偏离正常人格，同社会正常行为规范相悖的、持久和牢固的适应不良的情绪和行为反应方式。广州一项调查表明，有人格障碍的儿童比例逐年上升，严重的已超越人格障碍成了多种心理病症，如严重失眠、忧郁、紧张、厌学、记忆力减退，甚至出现幻觉、精神失常。来自北京的一项调查则显示，中国大城市的儿童有 17%到

20%存在多种类型的心理问题，包括考试综合征、社交恐怖症、人格障碍等。那么，正值花季的青少年，为什么会患上“人格障碍”呢？主要是因为我国当前正处在经济转轨阶段，教育环境变得纷繁复杂，孩子成长需要的稳定、健康的环境越来越难得。比如，社会思潮迅速变化，社会环境消极因素增加了许多；家庭稳定性正遭遇前所未有的挑战，父母离异的破损家庭增多；独生子女渐成主流，父母对孩子的溺爱、过高期望、过多干涉等。以上原因造成一些孩子独立性能力差、意志力薄弱、以自我为中心、不合群、不会正常人际交往、对许多社会问题或人生问题感到惘然，因此易患上“人格障碍”。在我任教的初二（1）班中，经过一段时间的接触观察，我发现其中就有几个学生患上“人格障碍”，他们个个都是“心门”紧闭，玩世不恭、漠视一切，但表面的“冷酷”无法掩藏住他们年轻的“美”，尽管这种“美”暂时还被“黑雾”掩盖。于是，凭着一腔热忱一颗爱心一份真情，运用参加培训所学习到的理论知识，经过一段时间的耐心疏导，我对他们进行具有针对性的细致、深入、具体的“治疗”，通过解释、说服、劝告、暗示等手段来改变其病态心理。“精诚所至、金石为开”，最后，我终于叩开了那一扇扇沉重的“心门”。现在我将自己的实践过程报告如下：

### 个案一

**诊断结果：好斗型。**

**治疗方法：晓之以理、因势利导。**

这种类型的学生生性好斗。他们的自尊心强，争强好胜，但是这种争强好胜不是表现在学习和品德方面，而是表现在与同学的体力争斗方面。这类学生在班里坐不住，学习不用心，哪里有纠纷往哪里钻。我班的劳动委员小郑就是这一类的典型代表。开学还不到半学期，他已连续三次被“请”到政教处，而每一次的“罪状”都一样——打架。因为他特别喜欢当“大哥大”，“哪里不平哪有我”是他的人生信条，但他的“不平”的定义却又总是黑白不分，是非颠倒。班中出了这么个“打架天王”，我当时很生气，很想把他狠狠的训斥一顿。但转念一想，“羊”已亡了，“补牢”才是上策。如何从思想上彻底改变他、防止类似的事情再发生才是我的当务之急。但该用什么方法呢？当我费尽心机时脑中突然灵光一闪，不久前看到的一部电影《真正英雄》不就是一个最好的说服方法吗？于是，我对他讲“什么才是真正的英雄”，并以这部电影中男主人公在经历黑社会的打打杀杀后体悟到的真理，“打人、杀人不是真正的英雄，帮助人、救助人才是真正的英雄”教育他，使他从思想观念上彻底改变。然后，我以“班干部”这一特殊身份激励他，告诉他“人非圣贤、孰能无过”，并放手让他管理班中的“单车”工作，且时时不忘赞扬他的每一点小进步。因为美国著名心理学家威廉·詹姆士曾说过：“人类本质中最殷切的需求是渴望被肯定。”经过一次次真诚的说服、劝告、鼓励，他醒悟了，开始积极地投身于班集体建设中，自勉自强、努力向上。特别是把单车管理工作做得非常出色，使班级的“单车评比”获得级总评的第一名；更可喜的是，从此他再也没有被“请”到政教处。我期待着他给我更多的“惊喜”。

## 个案二

**诊断结果：自恋型。**

**治疗方法：动之以情、重建信心。**

这类学生自高自大，对自己的才能夸大其词；对批评极其敏感；喜欢指使他人，要求别人按照自己的意志行事；渴望持久的关注和赞美；缺乏同情心；有很强的嫉妒心；在挫折面前往往一蹶不振。我班的小陈就是这一类型的代表。她是一个聪明、早熟的女孩。广泛地涉猎中外书籍和丰富的课外知识，令她在同龄人中有一份“不平凡”的气质；政治课上的犀利论辩才能曾令多少同学倾倒；年级的第四名令她获得众人羡慕的“学业成绩优秀奖”……但是，慢慢地，我发觉班里的同学逐渐不愿和她交往，原因是她总喜欢不留余地地指出人家的缺点。她感到在班中的“地位”没有了，这多少给了她一些打击；更严重的是她发现一直与她通信的那个“男生”原来是一个女孩假扮，故意要捉弄她的，这给予她最致命的一击。于是，她的成绩下降了，从年级的第四名降到年级前十名也没有了。从此，她开始让自己跌入一个“无底洞”中，让烦闷和痛苦慢慢吞噬她年轻美好的生命，转而厌恶自己、厌恶家人、厌恶老师，怀疑、敌视的逆反心理就随之降临。我曾自信我是一位好老师，对她我总是“特别关照”，希望她能从逆境中崛起。可无意中在一次学校组织的教学调查中，我发现她对我的评价却是差之又差，我惊呆了。我不明白自己的真情为什么会换来如此的回报。但是，面对这样一个患有严重“人格障碍”的可怜小孩，我又能说什么呢？于是，我调整自己的心态，仍是一如既往地默默关注她。那一个午练，她第一次缺席了，我焦急地打电话家访，她妈妈却说不知她的去向。这给我一个很强的讯号：家里人对她已不重视了。当她的身影匆匆地出现在教室门口，我悬着的一颗心才终于放下来。当了解到她因闹钟坏了而误了时间后，我没有批评她，而平静地说：“老师懂你，原谅你。”第二天，当她接过我为她买的崭新闹钟时，她扑在我怀里哭了。我说：“哭吧，我的孩子，别压抑太久，你稚嫩的双肩怎堪承受如此的重压，让眼泪洗涤你厚积在心房的尘埃，让眼泪帮助你重建信心，老师相信你能行。”人，毕竟是“有感情的动物”，要让一个人认识自己的错误，“情”比“理”更容易让人接受。那一次，在心与心的真诚碰撞后，她开始慢慢地走出困境。然后，我伴她听贝多芬的《命运交响曲》，并告诉她“我要同命运抗争、绝不能被它征服”就是贝多芬在战胜了个人情感挫折和生理疾病带来的悲观失望后表达的心境。经过一段时间的调整反思，她终于走出自己沉重的“心门”，自信的微笑又开始浮现她的嘴角，那闪烁着智慧火花的言辞又活跃在课堂上了。我相信，经历过“心灵的洗礼”后，这只“火鸟”会变成“凤凰”的。

## 个案三

**诊断结果：反社会型。**

**治疗方法：寻根问源、对症下药。**

这种类型的学生思想偏激，牢骚满腹，行为放纵，经常做出不符合社会道德规范的事情来。这些同学经常顶撞老师、班干部，随意损坏公物，在公共场所大喊大叫，寻衅闹事。行为放荡不羁，缺乏羞耻心和罪责感，对批评和教育带有逆反心理，发展下去，不堪设想。我班的小徐，就是这样一个女孩。从她来我班时，我就听说她是个天不怕地不怕的“野女孩”。果然，开学不久，不少同学都跑来告状，说她怎样欺负他们；不少科任老师也怨声连天，说她怎样地捣乱纪律。我找她来谈话时，她高扬着头，对我根本不屑一顾。面对这样一个叛逆的女孩，我几乎绝望了，因为我确实不知该用什么办法来叩开这扇越发沉重的“心门”。但转念一想，“冰冻三尺，非一日之寒”，更何况“人之初，性本善”，我不相信她这种性格是与生俱来的，在她紧闭的“心门”里面，一定藏着一个辛酸的故事。于是，我决定慢慢走近她。一个下雨天，我站在走廊外，突然，发现远处的校道上跳跃着两个被雨淋透的女孩，她们正在快乐地追逐着小水花。那种可爱的情状，让我也不禁感染了快乐。当她们跑近时，我发现其中一个居然是她。星期一周会课上，我表扬她是一个爱雨的女孩，或许是第一次听到赞扬吧，她愕然地望着我，那眼神充满惊奇、怀疑。这件事后，她开始逐渐消除对我的戒备心，转而喜欢找我说话了。我发现她在班里是较有号召力的，便大胆委任她当校外行为规范监督员、班中纪律监督员、组长。但是，“江山易改，本性难移”，几周后，她便和一位科任老师在课堂上发生矛盾并夺门而出。我听说后焦急万分，终于在楼梯下面找到她激动的身影。她朝我哭喊着“我不是没人管的孩子，她不该讽刺我”。我把她带到办公室，替她擦去眼泪，劝慰她说这里没人知道她的身世，老师绝没有讽刺的意思。然后，我轻声问她：“你能告诉我你的故事吗？”于是，我的未解之谜终于解开了。原来，她是一个弃婴。因为她出生在一个封建的农民家庭，家中有五个女孩，她排行第三。迷信的父母听信算命先生的话，说她的“八字”会“克父”，在她出生后不久便把她送给一对老实巴交、不会生育的夫妇，从此便不管她的死活。那对夫妇含辛茹苦抚养她，但好景不长，疼爱她的养母去世了，剩下她的养父独自抚养她。她长大了，开始知道自己的亲生父母时，她曾欣喜地奔回家，但她的出现，没有得到她渴望已久的爱，反而遭家人的白眼，她只能含着眼泪再次离开这个不属于她的“家”。我真的不敢相信，天底下竟有如此狠心的父母？！正如她所说：“假如生活抛弃了我，我也要抛弃生活”，因此，她开始否定一切、仇视一切，极度地空虚、寂寞、自卑令她表现出极度的狂妄、自大、叛逆。但是，人性是复杂的。存在主义帕斯卡尔说：“我是世界上最脆弱的一棵苇草”，人生在世，又有谁不渴望被爱？这正是她内心极端矛盾的原因，她渴望爱，又不敢不愿去爱别人。后来，她听从我的劝告，逐渐改变她那偏激的性格。但不久发生的一件事，又令我伤透心。我不知道是否我对她的爱，已成了她肆无忌惮的保护伞？那天，我发现她胸章里居然贴着一个男生的头像，我叫她撕下时，她竟满不在乎地跑开了。我很生气，把她的书包没收了。她冲进我的办公室，准备擅自拿书包离开，我挡住她的去路并狠批她几句，她旧性复发，竟像一只“发疯的狮子”向我狂撞过来。我担心她出去会闹出更大的事来，便使劲挡住她，挣扎中，她的指甲划破我的小指，一道殷红的血痕迸入我俩眼中，我们都呆住了。这就是我所疼爱的小孩？那一刻，我发觉我的心碎了，教育是什么？爱是什么？都说“善有善报”，这就是我的报应吗？——那段时间我无法再去看她一眼，因为看到她，就像看到自己的失败。这样坚持了几天，沉默了好久的她悄悄来到我的办公室。她流着泪痛苦地说：“老师，你是我最爱的人，请原谅我吧！我无心伤害你的……”我伤感地说：“请你答应我，别再冲动，别再犯错，别再令我担心！”——现在，她已慢慢走出那扇沉重的“心门”，正在努力完善自己。我只希望能以自己一点一滴的爱，来感化她、教育她，带她走出沼泽地，尽管每一步都走得如此艰辛！

以上三个人格障碍之个案的心理辅导是我这一年来做学生“心理保健医生”工作的一个缩影。因此我深知，心理健康是人的重要素质之一，良好的心理素质有利于一个人健康地成长。所以，笔者认为，学校、家庭、社会要多渠道多方面开展心理健康教育，伸出你我之手，让心灵多一座桥、让人间多一点爱。不管大的环境怎么样，我们都要为青少年营造一个充满温馨、爱意、自由气氛的家庭和学校环境，引导青少增强应对挫折的心理防御能力，让每一个青少年都有一个健康的心理、健全的人格；让每一个青少年的生命之舟，都能安全度过人生的惊涛骇浪而到达成功的彼岸！

（本文获得2002年澄海区东里镇德育论文评比二等奖）

# 迷途的羔羊，我们在等你

## ——一个“成功戒除网瘾”的案例引起的反思

**【案例回放】**

都说网瘾难戒，就连高知家长也常常束手无策，只好将难题交给专家。山东省东昌府区肖香坊村村民仙绣平，是一个仅有小学文化的农妇，却成功为儿子小华戒掉了网瘾，并因势利导，使儿子成为获得全国青少年信息学奥林匹克联赛二等奖的IT高手，她自己也因此成为了一名“心理专家”，她撰写的一部有关戒网瘾的18万字的专著也即将出版。总结仙绣平的成功经验，除了她写下的700多封感人至深的温情家书，更可贵的是她作为母亲的那份不放弃、不抛弃的果敢决心。

**【案例反思】**

读完仙绣平的案例，笔者不禁陷入沉思，心情竟久久不能平复。笔者在思考：“网瘾”到底是什么？是什么令小华沉迷网络变成一个“网瘾少年”？在我们农村，还有多少个像小华一样的“网瘾少年”？仙绣平成功帮助孩子戒除网瘾到底有什么秘诀？我们农村的家长和老师，从仙绣平的身上又能得到什么启示？

**反思一：“网瘾”是什么？**

“网瘾”的概念，最初由美国心理学家格登博格（Goldberg）提出，随后，匹兹堡大学的金伯利·扬博士（Dr. Kimberly Young）发展完善了他的这一概念。北京师范大学心理测量与评价研究所所长许燕教授曾说：我们一般把网络依赖叫作“网络成瘾综合征”，目前还没有把它作为一种正式界定的疾病纳入诊断体系当中去。可以说，它是对网络的一种过度依赖，表现为对现实生活失去兴趣；网上操作时间超过一般的限度，以此来获得心理满足。当网络依赖失控，对人产生负面影响的时候，我们就把它当作心理上的一种障碍来看待。网民满足以下三个条件中的任何一个：（1）总是想着去上网；（2）每当因特网的线路被掐断或由于其他原因不能上网时会感到烦躁不安、情绪低落或无所适从；（3）觉得在网上比在现实生活中更快乐或更能实现自我，即判定他属于“网瘾”。

据中国之声《全球华语广播网》报道：智能手机、平板电脑、游戏机等电子产品已经成为现代人生活的重要组成部分，这就不可避免地产生了青少年对电子产品产生依赖的问题，有很多人甚至沉迷其中无法自拔。由于成瘾性网络游戏、邪恶动漫、不良小说、互联网赌博等网络毒瘤的侵入，一些中小学生出现了沉迷游戏、行为失范、价值观混乱等问题。据不完全统计，目前我国青少年网瘾已逾3329.9万人，约占青少年的20%。网上一项数据结果显示：60.5%的青少年网民的上网目的是“看动漫、电影、下载音乐等”，57.9%的青少年网民选择“聊天或交友”， 47.2%青少年网民选择“玩网络游戏”，另有43.6%、 39.5% 及 21.1%的青少年网民分别选择了“学习和工作”“获取信息”“通信或联络”作为其上网目的。

**反思二：是什么原因让农村的孩子染上了“网瘾”？**

我们还是先从小华身上说起。发现小华迷恋上网络的人，不是父母，也不是学校的老师，而是邻居张大姐。这意味着什么？意味着小华其实很缺乏关爱。原来长期以来，仙绣平两口子都是忙于家里的运输生意，他们虽然文化不高，但凭着吃苦耐劳、诚实守信的口碑，他们的运输生意做得红红火火。他们以为只要给儿子提供一个良好的生活环境就足够了，而其实，他们忽略了一个正在生长发育的青少年除了需要物质，还需要精神的营养。如果单纯是孩子的思想发生变化，家里没有电脑，小华也不会染上“网瘾”。仙绣平两口子只顾忙着赚钱，他们万万想不到，“网络游戏”这只“黑手”已悄悄伸向涉世未深的孩子们，已有多少个孩子，禁不住诱惑而陷入泥潭，从此“乐不思蜀”，萎靡不振？由小华的个案，我们可以明白，为什么有那么多的农村孩子染上“网瘾”——

1. 社会不良因素影响

在信息技术日益发展的今天，网络已不再是陌生的名词。社会上诸多不良因素的影响中，农村黑网吧的猖獗是农村青少年的致命伤。在城市，由于管理相对集中、正规上网场所较多、舆论监督比较密集，“黑网吧”已经得到了较好的遏制。但是，在农村，“黑网吧”的存在依然给未成年人带来较大的不良影响。网吧经营者本着营利为目的，为那些还没有完全具备辨别能力的未成年孩子大开方便之门，让这些孩子在眼花缭乱的虚拟世界中迷失自己。由于农村文化生活相对贫乏，青少年活动场所较少，新奇的网络世界对他们具有非常大的诱惑力。虽然政府多方出台政策整治，但黑网吧还是“野火烧不尽，春风吹又生”。网吧在农村“落户”后，吸引了不少青少年学生。农村黑网吧的特点主要体现为：小型、简易、分散、隐蔽。规模很小，一般只有几台或十几台电脑；有的农村网吧仍然以拨号上网为主，电脑也是城市网吧淘汰下来的二手货，条件十分简陋；一般分布在经济比较发达、生活比较富裕、信息比较灵通、交通比较便利的农村乡镇乃至村庄，而且大多采取家庭化、作坊式的经营模式。农村黑网吧的问题主要表现为：网吧多，接纳未成年人上网得多，安全隐患多。农村黑网吧经营户唯利是图，法制观念薄弱，违规操作。为收回投资，获取利润，他们将网吧管理的规定置之脑后，既不张贴“未成年人禁入”标识，又不严格执行网吧进入登记制度，反而对未成年人进入大加欢迎，提供吃饭、住宿等“优质服务”。有的专门传播色情、暴力等方面的有毒信息，引诱未成年人经常光顾。据笔者调查，在我们学校的周围，就有三五间黑网吧，它们接纳的多数是八九岁到十五六岁的学生，这些孩子上网聊天、打游戏、看不良信息成风，他们为了上网，可以把本应该吃饭的钱节省下来，饿着肚子去上网，严重影响身体健康，同时，由于长时间沉迷于上网玩耍，放学后，家也不回，整日通宵熬夜地玩耍，家长学校都找不到人，学业一落千丈。

2. 家庭环境因素影响

家庭环境的影响，也是网瘾形成的另一个重要原因。家长“望子成龙”“望女成凤”心态过于迫切，都希望自己的子女将来有出息、有前途、有作为。于是要求自己子女在学习上考出好成绩，关心的是孩子在年级的排名，竞赛中的名次，一旦考砸，年级排名降低。就不问缘由，批评打骂。这无疑给孩子造成学习压力，久而久之，学生因承受不了学业重负而厌学，最终选择沉迷网吧并且流连忘返。另一种情况就是家长对孩子的学习不闻不问。我们的所在地“东里”是一个在历史上曾经很发达的城镇，一些家庭在十几年的辛勤劳作中积累了一些财富。由于思想认识的局限性，使他们忽视对孩子的教育。不管成绩如何，家长一般不会过问，只是忙于做生意赚钱，对孩子物质生活关心较多，对孩子的精神生活关心很少。这部分学生于是就瞒天过海，经常逃课，到黑网吧中去寻找书本所没有的刺激，比如沉迷网络游戏赌博、观看色情视频等，导致染上了“网瘾”。

3. 学校教育因素影响

素质教育之强音在华夏大地响彻了多少年，然而在“高考指挥棒”的“引领”下，应试教育也有条不紊地进行。学校教育单调乏味，片面抓升学率，少数教师不注重教材、教法和学生心理的研究，教法单一、呆板。一味让学生死记硬背，机械重复演算，课堂教学满堂灌等方式，阻碍了师生情感交流，压抑学生的求知欲望和好奇心，使学生形成了逃学、弃学等消极行为。同时一些学校在日常教育行为中，没有充分重视学生的课外活动，没有开展丰富多彩的文艺活动。大多是各类学科竞赛，学校生活缺乏对学生的吸引力，最终导致这些厌学的学生，投进黑网吧的怀抱。还有更重要一点，学校里并没有相应的网络素养教育课程，多数教师只知道布置作业，却没有教导学生们上网查资料时如何保护自己不受不良信息的骚扰侵蚀，在如何引导学生合理科学上网的管理上存在着漏洞。

4. 学生自身因素影响

据笔者调查，在农村，有81%的学生家长都在附近的乡镇企业或村企、私企务工；71%的学生在放学、双休日后处于由老人看管或无人管理状况；20%的学生多次出入网吧。中小学生正处于好奇心强、自制力差、人生观尚在形成期的关键时期，在全国各地都有过中小学生沉迷于网吧而不可自拔的事件，如何保护和避免农村中小学生出入网吧，已经到了非常严峻的时刻。是什么原因使孩子们放弃学业而沉迷于网吧呢？笔者经过和学生多年的接触了解到，一些学生由于智力方面的原因造成学习跟不上，对学习内容无法理解，不善于思考和分析，逐渐失去了学习的兴趣；一些学生对自己期望过高，目标制定高出自己的能力范围，结果事与愿违，拼命苦学，放弃一切兴趣爱好，后来目标仍未达成。于是开始怀疑自己的付出是否值得，最终放弃学习，于是便有：我再怎么学习，成绩仍然赶不上，我根本不是读书的料。对学习失去动力。这些学生，由于对学习的害怕和厌倦，使他们郁郁寡欢，挫折感强。而网络的虚拟，网络上刺激的游戏，网络上的色情影片，网络所带来的成就感，以及网络游戏的赌博性质，无疑都对这些厌学孩子有着巨大的吸引力。网络像磁铁一般牢牢吸住孩子的心。而当兴趣浓厚度超过正常人的界限时，就形成了心理学上的“心理聚焦”现象，继而产生“心理毒瘾”。好多中小学生课余就泡在网吧里，且一泡就是几个小时，对学习和身心健康均造成了较大影响和损害。而且还让家长们提心吊胆，忧心忡忡。在汕头《今日视线》的报道中，因为沉迷于黑网吧而引发的打架斗殴事件不是此起彼伏吗？多少血的教训，多少母亲的眼泪，依然唤不醒这一只只迷途的羔羊！

5. 网络游戏魅力影响

游戏是儿童生来就会的行为，是儿童学习与认识世界的必要途径和重要形式，可见人一生下来就有游戏娱乐的需要。你可能会问，为什么网络游戏看起来比别的娱乐方式都更具有吸引力呢？在网络游戏里，游戏设计者使用了大量的心理成瘾机制对自制力相对较弱的青少年进行“控制”。比如：游戏中通常具有简单即时的赏罚机制；还会利用心理的阶段性目标的设置，让人们愿意在完成一个小目标以后才想停下；在虚拟世界解锁的各项成就带来的成就感、荣誉感以及在成功的不确定性下的不同场境、装备、阶段所带来的神秘感等。除此之外，在玩游戏的时候，那种个人精力完全投注在某种活动上的感觉让人能够体验到高度的兴奋及充实感，但是，随着游戏的结束，便会伴有巨大的失落感与焦虑感。为了摆脱这些负性感受，我们会不由自主地投入下一场游戏作为填补。如此周而复始，是一步步沉迷于游戏的开始。

**反思三：如何对染上“网瘾”的孩子进行干预与疏导？**

笔者非常佩服仙绣平，虽然她只是一个没有文化的农村妇女。发现儿子染上“网瘾”后，她没有充耳不闻，也没有粗暴对待，而是凭借着无比的耐心和毅力，在长达五年的时间，先后攻读了100多部教育心理学专著，用700多封书信，顽强地感化着、影响着儿子，最终使儿子彻底戒掉网瘾并且成才。反思这个感人至深的案例，笔者感慨良多。仙绣平是幸运的，单靠个人的力量战胜了“网瘾”，因为她有一个懂得感恩、良心未泯的儿子。可见家庭和自身因素的重要性。而其实，戒除网瘾，我们还有社会、学校的因素影响。所以笔者建议：

1. 加大对农村网吧的管理力度，还孩子们一方社会净土

教育部日前发布了《关于做好预防中小学生沉迷网络教育引导工作的紧急通知》并致信全国家长。从通知里的“紧急”二字，足见当前中小学生沉迷网络问题的严重性。教育部还发出了《致全国中小学生家长的一封信》，要求各地传达到每一所学校、每一位家长。信中还有“防迷网”三字文，朗朗上口，便于记忆。实际上，为有效预防未成年人沉迷网络游戏，我国政府及相关部门自2001年至今，共制定颁布了近50项相关法律法规和政策，有专业人士认为，“正如很多快速发展的事物一样，我们对互联网和手机使用的监管，无论从规则上、技术上或是内心建设方面都远未能够与其发展速度相匹配适应。”农村网吧缺少管理成为了社会整治工作的新难点。文化部已经加强商业网吧的管理，重点打击农村黑网吧，严格控制网络游戏赌博、色情等不健康信息的传播，打击非法网站，尽快遏制违法农村网吧迅猛蔓延的势头，为青少年的成长提供良好的环境。网络游戏的生产方也要加强监督力度，不要只顾集团利益，而牺牲青少年的未来与幸福。只有全社会动员起来，才能有效挽救我们的花季少年。比如，在针对农村黑网吧行动隐蔽、点多面广，执法人员数量有限的现状，我们东里镇文化部门会同乡镇政府及当地村委负责监督工作，充分发挥乡（镇）文化站的作用，将农村网吧管理纳入乡镇文化站的重要工作中来，并与农村精神文明建设联系起来。东里镇还建立社会监督网络，充分发挥党员、离退休干部、学生家长的作用，在村一级聘请网吧监督员，分片对网吧进行监督，逐步形成社会监督网络，加大宣传保护未成年人的保护力度。在一些较为落后的乡村，镇政府还通过大张旗鼓发放宣传单及各种会议，向村民宣传“网吧禁止未成年人进入”的政策的规定，号召村民要敢于拿起法律武器向有关部门举报。与此同时，镇各职能部门还加强新技术和相关软件的推广应用，屏蔽色情、暴力、网络游戏赌博等不良信息，科学确定上网者的真实身份，有效防范有害信息的传播。上网吧的顾客规定要凭借身份证等有效证件实名登记，在“准入”的环节上杜绝未成年人进入网吧。在前不久的专项整治活动中，东里镇已取缔了一批非法

营运的黑网吧。而在经济富裕的地区，镇政府还准备出资兴建一批公益性网吧，让家庭经济条件差的孩子，尽早接触电脑，让电脑不再是神秘不可测。“不能让网络害了农村，也不能让网络忘了农村。”通过种种方式，加大对黑网吧的管理力度，还孩子们一方社会净土，让孩子们健康快乐地成长！

2. 用爱感动每一个孩子，家是温情的港湾

仙绣平成功地帮助儿子戒除网瘾的案例告诉我们，当网吧向农村迅猛地扩散后，家长如果采取简单粗暴的方式强行隔断网吧痴迷者的心理依赖，可能会导致严重后果。笔者建议，家长应该营造和谐美好的家庭氛围，关爱每一个孩子，在孩子对网吧的兴趣未形成完全“聚焦”时就及时引导，用爱心感动孩子。当孩子染上了“网瘾”，就应该采取科学的方法对孩子们进行心理的疏导，如转移其兴趣的办法，多组织他们参加文体活动或能够发挥他们特长的活动，比如可根据孩子的特长兴趣，让孩子报名参加“美术班”“声乐班”“书法班”“吉他班”等等，让他们在丰富多彩的活动中体验成功的乐趣，慢慢摆脱网络对他们的控制，最终解除“心理毒瘾”。切忌简单粗暴地打骂孩子，甚至把孩子锁在家中，限制孩子的人身自由。因为“物极必反”，粗暴地对待孩子往往演变成家庭的悲剧。家应是一个温情的港湾，父母的关爱，父母的鼓励，父母的牵挂，父母的叮咛，都会让儿女们记忆深刻，化为求学奋进的动力。在汕头《今日视线》报道中，多少个鲜活的案例告诉我们，那些缺乏父母监管、关爱的孩子，往往会自暴自弃，厌学逃学，从而走上沉迷网吧酒吧而引发打架斗殴、杀人放火的犯罪道路。因此，为了孩子们能够健康快乐地成长，请家长们好好用心经营你们爱的港湾吧，让那一艘艘稚嫩的船儿，不再流浪徘徊！

3. 构建学校多姿多彩的平台，张扬学生个性

笔者呼吁：学校要真正重视学生的素质教育，而不是一味地以分数来衡量每一个学生。教育部门要密切联系学校，定期给学生们做积极有效的宣传及印发有关网络法律规章、上网相关知识等宣传资料，推荐健康有益的网站，如人民网、新华网等，老师在更新网络观念的基础上要负责基本网络素养的指导。另外，学校要重视举办多种文体活动，如运动会、文艺汇演、演讲比赛等。通过这些活动，增强学生的爱好和兴趣，培养综合素质的人才。例如我们学校，就很重视发展学生的课外兴趣。我们开设了“美术班”“音乐

班”，专门发挥学生的特长。还在每周四下午，开办“书法社”“原上草文学社”“舞蹈社”“科创社”，丰富学生的校园生活，吸引学生的注意力。还在每天中午，开放阅览室，扩大学生们的知识面和视野。我们很关注孩子的课余活动时间，关注每一个学生的心理动态，平等对待每一个学生。我们设置了心理咨询室，重视对学生们进行心理疏导，引导学生正确运用网络进行学习，引导孩子健康地发展。我们还进一步加大对《互联网上网营业场所管理条例》的宣传力度，将《条例》张贴到各班级，引导学生们认真阅读并严格执行。我们还将举报电话和《条例》印发到家长手中，让家长熟悉《条例》，监管网吧守法经营，积极举报违法行为。通过这样，形成“社会、家庭、学校”三者齐抓共管的立体管理模式。同时我们学校还加大投入，建设了两间共容纳120多台电脑的电教室，每周专门设置一节电脑课，给学生提供在网上学习的条件，使学生走上正确的利用网络的道路上来。总之，学校要想方设法提高教育和教学的质量，构建学校多姿多彩的平台，张扬学生的个性，留住学生的身，也留住学生的心，那么校园之外的黑网吧，只好“门可罗雀”了。

4. 网络新前景，呼唤新人才

不可否认，网络上确实存在色情、暴力、赌博等严重危害青少年心理健康的不良事物，然而，任何事物都存在双面性，网络自身的巨大优势也是其他媒介无法取代的，例如方便快捷、信息广泛、齐全等。禁止青少年接触网络，他们失去的东西将无法估量，因为网络存在不可避免的缺点而拒绝、远离网络，后果将是相当可怕的。网络是人类科学技术的产物，网络的诞生，为人类开启了沟通世界、创造文明的崭新窗口。网络给现代人的生活、学习、工作和娱乐带来了方便和快捷，极大地提高了人们的生活节奏和生活质量。未成年人作为国家的新生力量，对网络这种高科技信息手段的接受和使用更超过成年人。据统计，目前我国未成年人是网络使用者中最庞大的群体，占上网总人数的 60% 以上。在我们学校，我们重视引导学生适度、合理地使用网络，通过网络获取知识、技能，把计算机网络教育作为基础教育的主要内容，把从互联网上获取知识的技能，作为和读、写、算一样重要的终身有用的技术能力看待，我们重点培养学生“学会搜索，学会辨别，学会求知”，正确引导，培养创新能力。

5. 告别网络游戏，我的人生我做主

正所谓“解铃还需系铃人”，当我们在社会、家庭、学校付出辛苦的努力时，我们花季的少年，正在做什么？沉迷于用手机或上黑网吧上网打游戏、聊天？还是躺在沙发上看电视？或是正津津有味地享受母亲烹调的美味佳肴？为什么看不到灯下为了前途命运而埋头苦读的小身影？为什么看不到在屋里辛勤帮忙长辈劳动挥洒汗水的小身影？为什么看不到公车上主动让座给孕妇老人的小身影？为什么我们的耳旁响起的总是不间断的埋怨声、哀叹声、诅咒声？这就是我们祖国的希望啊，我们的充满活力的朝气蓬勃的下一代！染上了“网瘾”了怎么办？染上了“烟瘾”了怎么办？染上了“毒瘾”了又怎么办？——为什么总要去从社会、从家庭、从学校找原因，虽然那是客观存在的因素。笔者想问问我们的少年：你们呢？你们自己的原因又在哪里？！你们不小了，为什么就假装看不到父母、老师谆谆教诲的良苦用心？为什么就假装看不到有多少人为了社会的繁荣富强安定和谐所付出的辛勤血泪呢？为什么在你们的字典里就找不到感恩、感动、回报、报效的字眼呢？你的人生你应该做主！从小树立远大的理想并为之持之以恒地付出，在父母、老师、社会的培育下，你终将成才！习近平总书记说过：“当代中国青年要在感悟时代、紧跟时代中珍惜韶华，自觉按照党和人民的要求锤炼自己、提高自己，做到志存高远、德才并重、情理兼修、勇于开拓，在火热的青春中放飞人生梦想，在拼搏的青春中成就事业华章。”所以，走过弯路并不可怕，告别黑网吧，迷途的羔羊啊，我们在等你！

综上所述，笔者认为，正是社会不良因素、家庭环境因素、学校教育因素、学生自身因素、网络游戏魅力等五方面的影响，才让我们的青少年学生放弃学业，染上了“网瘾”；而如何解决这个严重的问题，笔者呼吁：社会、教师、家长都不要过分地紧张和慌乱，因势利导、对症下药才是最重要的。我们可以通过加大对农村网吧的管理力度，还孩子们一方社会净土；用爱感动每一个孩子，家是温情的港湾；构建学校多姿多彩的平台，张扬学生个性等渠道进行努力。而笔者更想对我们的“网瘾”学生说：回来吧！迷途的羔羊，我们都在等你！为了你灿烂的明天；为了远方的承诺；为了祖国花开不败！

（本文获得2020年澄海区德育论文评比一等奖，发表在2020年第7期《师道》ISSN1672-2655）

# 携手前进 彼岸花开

## ——农村中学"家校合作"存在的问题及对策

著名教育家苏霍姆林斯基说过："最完备的教育是学校与家庭的结合。"这句话强调了"家校合作"在学生成长中的重要性。当前我国越来越多的专家和学者也都提出教育应该突破学校这个地域局限，充分重视家庭在提高教育质量、教育水平中的重要作用。但自从改革开放以来，澄海因为地处农村，一直以来经济发展较为落后，农村地区可供创业的机会较少，越来越多的青壮年农民洗脚上田走进城市工作，使澄海农村产生了很多农村留守儿童。由于父母的缺位，家庭教育不够全面。因此，在当前澄海农村中学中，"家校合作"在实践过程中可谓是困难重重。因此，本文将在探析澄海"家校合作"存在问题的基础上，从统一认识，更新观念，创办"家校合作基地"；平等协商，合理分工，创办"心语室"；创设新路，密切联系，尝试"微博德育"；完善制度，保驾护航，成立"执法小队"等四个方面进行尝试，为提高"家校合作"实效提出切实的对策。

**一、问题现状：澄海农村中学"家校合作"中存在的问题**

"家校合作"一词与传统的家校联系虽仅一词之差，却有着观念和行为上的很大差别，家校联系是指学校和家庭在教育青少年方面交流经验、互通情况，协调一致。[1]"家校合作"是指家庭与学校以沟通基础，相互配合，合力育人，使青少年受到来自两方面系统一致、各显特色、相辅相成的教育影响力，形成多种终身受益的必要素质，更好地实现社会化。这意味着“家校合作”中家校两者在教育中的地位是平等的，是合作伙伴关系，两者的联系行为具有互动性和合作性。虽然家校联系和“家校合作”都是双向活动，但“家校合作”要求家长和教师在“家校联系”的基础上，家长既在家庭中承担教育子女的责任，又要参与监督学校教育的相关指导，还要接受家庭、家长多方位的监督、反馈与建议。即“家校合作”不仅要发挥家校联系、家校交流的作用，还需要家校双方形成教育影响合力以促使受教育者得到更全面更优质的教育。但从当前澄海农村中学“家校合作”的问题上，还存在以下三个方面的问题：

1.“家校合作”没能形成强大的教育合力

当今社会，随着信息时代的到来和人才培养的素质化要求，家庭教育与学校教育至今仍是育人的需要。学校和家庭是学生受教育和生活的主要场所，学校教育比较系统、规范、理论性较强；而家庭教育比较具体、生动，更多地与学生的生活习惯息息相关。两者之间若能形成强大的教育合力，有效进行联系与合作，是现代素质教育培养青少年全面发展的需要。苏霍姆林斯基说过：“教育的效果，取决于学校与家庭的教育的一致性，如果没有这种一致性，那么学校的教学和教育过程就会像纸做的房子一样塌下来。”[2]在澄海农村中学的实际的教育过程中，由于很多家长都外出打工，工作繁忙，极少留在家里。学校往往很难取得与家长的联系配合与有效沟通，导致家庭和学校的教育目的很难协调与统一，从而使家庭教育与学校教育脱轨，无法形成强大的教育合力。以去年的中考考前家长会为例，全级10个班，每班约50个学生。在家长会那天，每班大约只有12个学生家长，全级只有120个家长能前来参加家长会，这个比例只占总数的四分之一。很多家长都以工作忙作为理由。面对这种情况，我们除了理解，难道还能抱怨家长对学生的中考不重视吗？而因为家长的大量缺席，“教育合力”又从何谈起呢？

2.“家校合作” 没能扬长避短优势互补

父母是孩子的启蒙老师，家庭是孩子成长的第一所学校，是影响孩子成长的重要因素，家庭教育直接影响孩子在学校的行为和学习成绩，对孩子的发展起着举足轻重的作用。但是，当前澄海很多农村的家庭教育却存在种种局限性。由于学生家长文化知识水平相对较低，对孩子的教育较少关注，同时在思想认识上也有一个误区，大多数家长认为把孩子送到学校，那么教育管理孩子就是学校的工作，对孩子心理健康教育和三观培养发展不够重视。家长往往认为只要学习成绩好就是好学生，对孩子的思想品德发展很少过问。家长未能紧跟学校的步伐，不了解学校的教育内容、方式等问题突出。学校作为专业的教育基地，有着专业的教育工作者团队、明确的教育目标、详细的教育计划、良好的学习环境，育人的效果更佳。同样，当前澄海很多农村中学的学校教育也存在着局限性，如学校师资水平总体较低、团体教育下教师难以结合每个学生的实际情况进行有针对性的教育、迫于升学压力及应试教育的影响较少进行全面发展的素质教育，不利于学生的社会化等问题。由此可见，家庭和学校的教育，各有其优势及局限性，而当前澄海的现状是，这两者无法成为教育工程的有机整体，不可分割，无法将学校和家庭这两种教育力量联合起来，去实现彼此之间的优势互补，扬长避短，因而无法最大限度地发挥教育的作用，促使学生健康发展。以学生带手机上学为例，这是最令学校感到头疼的问题。虽然学校三令五申，但学生带手机上学依然屡禁不止。一部分学生在课堂上或考试时玩手机被学校没收后，很多家长不太认同学校的处理方式，不是对孩子进行批评教育，而是打电话托关系来向学校求情，希望学校归还学生的手机，与学校唱起了反调。如此一来，学生不但没办法深刻地认识到自己的过错，还会以为只要让家长给老师打个电话事情就能解决。对孩子有求必应，一味地溺爱，终会导致孩子德育上的缺失。

3.“家校合作” 没能取得明显效果

当前在澄海农村中学中，“家校合作”其实是形同虚设的。在学校层面上，有些学校没有足够重视学校教育与家庭教育之间的合作互动，导致组织松散、管理不足、监督检查不力，阶段性强、连续性差等问题。在家庭层面上，由于农村思想比较封闭，重男轻女，同时受到家庭经济条件的限制，期望孩子可以更早进入社会工作，尤其是对女生，这种情况更为严重，对孩子的知识教育不甚重视。很多农村的家长教育方式简单粗暴，当学校告知孩子在学校犯错，家长无论青红皂白就是一顿暴打，对孩子心理造成一定的伤害。家长们对学校教育不支持、家校合作的态度不明确都影响了农村中学“家校合作”的成效。以每年中考为例，在澄海农村中学中，能够顺利参加中考的学生只占总数的百分之七十，百分之三十的初中生早早流向社会参加工作。据调查，其中女生占大部分。他们辍学的理由，有的是因为成绩差，有的是因为经济差，但最主要的原因是家长的决定。而在参加中考的百分之七十的学生中，不到百分之二十的学生能考到重点中学继续求学路，剩下约百分之五十考到普通高中而放弃就读的又去掉了一半以上。因此，我们只能感叹，从初一学校就一直在进行防流克流的工作，但最终，收效甚微。在这个过程中，家长一直在扮演什么角色？而学校，又怎么一直在唱独角戏？！

**二、问题分析：当前澄海农村中学“家校合作”存在弊端的原因**

目前，虽然家庭参与学习教育的重要性已受到大多数人的关注和支持，但在现行教育管理体制下，当前澄海农村中学的“家校合作”在实践过程中还受制于一些现实的因素，才会出现上述几个方面的弊端。仔细分析具体原因，主要有三个：

1.“家校合作”认识落后，错误定位

苏霍姆林斯基曾经把学校和家庭比作两个“教育者”，认为两者不仅要一致行动，提出同样的要求，而且要志同道合，抱着一致的信念。而当前澄海农村中学中，由于地处农村，部分学校和家庭双方对“家校合作”不够重视，对“家校合作”模式的认识比较落后，也导致了目前“家校合作”流于偶尔的电话联系，合作的水平比较低。而且，“以学校为中心”的传统观念盛行，“师道尊严”的传统心理使教师与家长不自觉地将自己的角色定位为领导者和被领导者。这使得家长和教师的联系具有了一种习惯的心理定式：被动、等待，并存在一定的心理障碍。在此心理认定下，家长们一般不太主动与教师沟通，也很少说出自己对教育孩子的看法、建议。有时即使家长向学校反映了情况或提供了建议，也往往得不到足够的重视。这样“家校合作”根本就谈不上是合作，只能说是学校单方面对家长提出要求，而家长是否认可，或者家长该如何做，配合的效果如何根本没有得到反馈。因此，教师和家长能否正确地对自身进行角色定位，是关系“家校合作”成败的重要因素。

2.“家校合作”内容单一，形式单调

当前，澄海农村中学“家校合作”的内容单一，形式单调。班主任总是在学生出问题了才会想起打电话给家长；而家长也总是在要向班主任请假时，才想起打电话给老师，这就是传统的“家校合作”。很多学校，关于涉及“家校合作”的检查时，政教处除了提供密密麻麻的学生家长电话号码以证明有与家长进行联系，其他什么资料也没有。究其根源，在于家庭与学校间的合作往往带有很强的功效性、短视性，总是只关注学生的作业。主要涉及成绩提高、课业辅导、家庭监督、资料购买等，对学生的品德、修养、审美、心理层面考虑甚少，至于对教育方式和方法的交流更是很少提及。此外，目前很多澄海的农村中学，家校沟通联系方式主要还是延续传统的做法；如期中期末发放成绩单和偶尔的电话联系。不仅形式单调，更加缺乏时效性，降低了交流效率。

3.“家校合作”缺乏长效机制

目前，在澄海农村中学中，大多数学校没有建立科学合理的“家校合作”长效机制。在家庭教育和学校教育相结合方面，无论是家庭还是学校都存在不同程度的认识上的偏见，没有从思想上真正重视家校联系的重要性，学校总是在学生出现问题时才与家庭取得联系，即向家庭做汇报，而很少去关注学生的后期表现有没有在家长的配合教育下取得进步，或者很少和家长商讨合作教育的措施。此外，很多家校合作活动开展结束以后没有进行总结，而且家校活动时间一般聚集在期中考试前后、期末考试前后，缺乏灵动性、连续性和科学性与实效性。学校教育与家庭教育缺乏长期有效互动，教育效果无法达到预期，也没有在制度上对“家校合作”进行明确的规定。

**三、问题解决的对策：当前澄海农村中学“家校合作”的有效途径**

1. 统一认识，更新观念，创办“家校合作基地”

建立新型的“家校合作”关系，需要以更新观念为先导。首先，家校双方要统一认识。家校双方应认识到家庭教育与学校教育至今仍都是育人的需要，两者共同发挥效能是现代素质教育培养“完整人”的需要。[3]家庭教育和学校教育都有着各自的优越性和局限性，两者应该在学生的成长过程中共同发挥作用，二者缺一不可。家庭是孩子的第一所学校，父母是孩子的第一任教师，父母的行为直接影响到孩子的思想、品行；学生的思想品德、行为态度、学习质量和健康状况等在很大程度上与家庭教育有着密切的联系。因此，家长要认识到家庭教育对学生的成长起到举足轻重的作用。而学校作为专门的教育机构，教师作为专业的教育工作者，无疑应更努力了解家长的需要和能力，吸引和组织家长参与学校教育，并适当地为家庭教育提供一定的帮助。教师要破除保守心理，如对家庭教育的不信任等，观念上要放下架子，与家长平等相处，呈现“欢迎家长”的姿态。我们的做法是，创办“家校合作基地”，定时间，定地点，定负责人，定期邀请学生家长代表（代表采用轮流制）到“家校合作基地”参加活动或学习。活动诸如：参加主题班会、参观校运会、旁听“班级文学沙龙”、参加期中期末分析会等等。这样做的目的是让家长了解孩子在学校德智体各方面的情况。学习诸如：邀请专家为教师和家长开展学习或心理的讲座；播放一些当前国内外的优秀教育教学视频让家长学习参观；邀请一些品学兼优的家长代表为其他家长做报告；等等。这样做的目的是提高教师和家长的管理教育素质。由此可见，要提高“家校合作”实效的首要前提是双方必须更新观念，高度重视“家校合作”，才能让教师和家长更好地进行交流，生成家校合力。

2. 平等协商，合理分工，创办“心语室”

前面指出，当前澄海农村中学中，大多数学校和家庭之间在“家校合作”的过程中存在着角色定位的误区。家校双方对家长和老师的关系认识得比较片面。传统的“以学校为中心”的观念，“师道尊严”的传统心理使教师与家长不自觉地将自己的角色定位为领导者和被领导者。其实，教师和家长是处于统一战线的，教师和家长之间应当是平等协作的伙伴关系。家校合作的过程也应是家长与教师相互交流、配合支持的过程。也就是说家校相互间双向的交流是进行平等合作的前提。此外，有效的合作需要处理好分工与合作的关系，要各自角色定位正确，分工明确。学校方面应明确学生在校时学校应承担的责任，而家长方面应明确学生在家时家长应承担的责任，并且双方在平等协商的基础上，合理分工，才能形成更大的合力，共同促进学生德智体美劳的全面发展。如上述情况中提到的学生带手机进校园和学生中途辍学的问题，我们的做法是:创办“心语室”，邀请部分存在问题的学生家长到学校，和相关班主任进入“心语室”密谈，让家长明确学生带手机容易上瘾并引发一系列的危害等，从而让家长在源头上堵死手机泛滥的情况，并签下协约，同意学校对带到学校的手机统一没收并永不归还。同样道理，对学生辍学问题，也是经过“心语室”反复密谈，让家长明白“知识改变命运”的道理，多鼓励支持孩子争取考上大学，以此改变自己和家庭的命运。可见，只要教师和家长能够平等协商，合理分工，才能帮助学生走上成才之路。

3. 创设新路，密切联系，尝试“微博德育”

信息技术时代催生出新的通信工具，新的通信工具催生出新的沟通途径。

家校之间的联系不再局限于以往的发放成绩单、家访和电话联系，新时代的家庭和学校，应该学会善用现代信息技术，创设多种形式的家校合作载体。如可以尝试将信息量少的成绩单加工成家校双向联系的家校联系本，详细地记录学生在校及在家的表现，体现学习习惯，学习情况的长效性；可以利用当前普遍推行的校讯通，与家长进行短信联系，当然，这些短信应该具有针对性而不是千篇一律的群发短信；可以利用当前学生们熟悉的班级QQ群、微信群等，让教师、家长、学生三方面通过这些载体进行沟通与合作，从而提高“家校合作”的实效。其中，我们最主要还是针对性地尝试“微博德育”。“微博德育”指的是借助网络手段和以网络为内容的德育。具体体现在教育的过程中，教师以网络为载体，以自我教育和隐性教育相结合的方式，结合学生特点，有针对性地对学生进行思想转化工作。这其中最主要一环是，教师开通微博，与学生与家长都可以“互粉”。很多平时难以当面交流的话题，通过微博关注留言，有针对性对学生诸如早恋、心理障碍、校园暴力等问题进行讨论，让老师和家长能够及时走进学生心扉，消除一些问题隐患，帮助学生健康成长。我们的“微博德育”的宗旨是“如果在校园受了什么委屈，不要冲动，老师和家长会帮助你。要是我们无法帮助你，我们会找人帮助你”。这条宗旨备受学生青睐，他们会觉得我并不是孤立无助的个体，老师和家长就是我们身边的守护神。冯骥才说：“信赖，往往能创造一个美好的世界”！

4.完善制度，保驾护航，成立“执法小队”

“家校合作”推进实施，关键还是要建立完善的“家校合作”制度。我们的做法是：首先，校方明确家长在家庭教育中的地位与作用、权利与义务，加强农村教师队伍建设，把农村留守儿童档案、家长沟通、目标考核纳入教师日常教学工作，与教师的评优和晋升挂钩，以保证留守儿童的教育关怀的制度化和长期化。其次，校方要积极开展多种活动引导家长参与“家校合作”，并将“家校合作”相关的一系列活动纳入学校教育教学常规活动中。再次，各级教育部门和学校广泛吸纳家长的建议与意见，建立科学、民主的学习教育管理和决策机制。最后，成立“执法小队”，成员由教育主管领导一名和若干个教师代表、家长代表组成，定期对上述措施进行检查督促，以做到“有法可依，违法必究”，让“家校合作”步上正轨。

综上所述，“家校合作”对学生的教育和影响作用是不可低估的，现时，探索家庭教育和学校教育形成合力已显现其独特的价值和现实的可行性。因此，“家校合作”应成为学校培养学生全面发展的重要模式，不能把“家校合作”当成一句空话，这对于形成教育合力，提高教育管理的实效性，具有十分重要的意义。尽管农村学校的“家校合作”是一项艰巨的工程，任重道远。但路漫漫其修远兮，我们相信，只要家庭教育和学校教育能够“执子之手”，那么“与子共荣”的明天终将到来！

参考文献：

[1] 潘俊平.强联系 构建家校合一的教育平台[J].文教资料，2009（35）.

[2] 瓦·阿·苏霍姆林斯基.给教师的一百条建议[M].北京：教育科学出版社，1984.

[3] 周丹.对家校合作若干理论和实践问题的思考[J].无锡教育学院学报，2001（02）.

# 语文心悟

YUWEN XINWU

让我们培养一颗善感多思的玲珑心

用生花妙笔去描绘七彩的生活

心

# 你的“美丽”就在今天

## ——谈如何在课堂上发挥学生的主体地位

素质教育要求培养学生获取知识的能力、思维能力（尤其是创造性思维）、实践能力，要培养学生的主体意识、参与意识、独立意识，它强调夯实基础知识、拓宽知识口径，构建起可以适应终身教育和社会发展变化的知识网络等。素质教育实际上是个性教育。而联合国教科文组织对教育目的的表述是：要使受教育者第一学会生存，第二学会学习，第三学会与人合作。教师行为的最高原则，是启发而不是灌输、是管理而不是约束、是激励而不是包办。好学生的行为准则是：敢于思考，勇于挑战既定的答案，全面的身心发展。

而现代教学论的核心是两句话：学生是学习的主人、是主体；老师是引导者，帮助者，是主导。老师的责任是唤起并引导学生的学习活动，并使之体验到学习的成就感。现代教学论最看重的是过程，而不是结果。学生在老师的指导下自己去探索、研究，即使得到的结论是错误的，它对学生的发展起的作用，和老师把正确的结论直接告诉学生所起的作用，也是不能相提并论的。现代教学理论认为，教学应当是民主的，师生之间应当是平等的，课堂氛围应当是和谐的、宽松的。只有这样，学生的潜能才能得到开发，把发现留给学生，学生才能有所发现。北京师范大学国际与比较教育研究所副所长吴忠魁教授将中美基础教育作比较后认为，西方文化尊重孩子的个性，教育在千方百计考虑如何适合孩子的个性化发展，而我们却是在按大人的要求来规定孩子的教育，而没有顾及孩子们的内心需求、愿望和苦乐。我们教育孩子的借口是：为了你的明天，在今天要付出代价，为了明天的发展，今天要刻苦。而美国对孩子的观念是：你的美丽就在今天，你的今天不美丽何谈明天？——因此，我一直在为孩子们今天的“美丽”而奋斗着。特别是接到学校的教改任务“‘5+4’教学模式初探”后，我更是千方百计在课堂上发挥学生的主体地位，让他们的今天更美丽！下面，是我在六个方面所做的尝试：

**一、重视“课前5分钟”，提高学生的说话能力**

众所周知，长期以来受教育诸多因素的制约，语文教学普遍重于读写，疏于对学生说听能力的培养的训练。中学生普遍存在口头表达能力差，课堂发言胆小；公众场合说话胆怯，词不达意，言不由衷的现象。所以，我一直重视对学生说话能力的培养，开展“课前5分钟”演讲活动。让学生能在教师的具体指导下兴致勃勃地动脑、动口，个体的主观能动性得到充分调动，教师的主导作用和学生的主体地位也得到较好的落实。这学期来，依据省编初语第三册的说明文为重点的要求，我让学生上台演讲。先从学生每天使用的学习用品、心爱的一件玩具等，从外部形态、构造、功用上作比较简单的说明；再以自己喜欢的一种水果或动物作描述性说明；然后再对自己曾经观察过的某一自然现象作科学性说明。现实生活中新生事物层出不穷，学生们用作说明的材料也取之不尽。为了说得更符合科学性，不少学生自觉阅读科普读物，寻找课外资料，汲取科学养料充实自己，往往每次上讲台说5分钟，课外就得用心准备30分钟，这样大大增强学生个体的心智活动，也扩大了阅读知识面。经过这段时间的训练，学生们的“说话能力”大大提高了，既较好地落实说明文的教学，又让学生接受许多新事物新知识。另外，它对稳定学生情绪，使其迅速进入课堂状态也有很好的帮助作用。

**二、提前分发预习提纲，培养学生“自动”能力**

我国近现代著名思想家、教育家蔡元培先生曾说：“学校教育注重学生健全的人格，故处处要使学生自动……最好使学生自学”。这种提倡学生“自动”“自学”的教法，既是对传统“启发式”教学的继承，又融进当时风行西方的“自动主义”教学方法的成分。实践证明，这种教学方法改革是有效的。它使语文教学从旧的死记硬背的学生被动应付的状态中解放出来。而卢梭在《爱弥儿——论教育》中也指出："如果老是由你去指点他，老是由你去告诉他'来呀，去呀，做这个，不做那个'。结果，你用这个方法的确是会使他变成一个傻子的。"所以，我很注重培养学生的"自动"能力，在上每一节课之前，我总是先分发预习提纲，让学生自主先进行探究。让他们学会学习，体会发现，体验创造，以此培养学生的探究精神和求知热情，培养学生的主体意识。在这种学习方法的改变中，孕育了当代人适应急剧变动的世界的重要素质——学习的自主性、探索性、实践性和创造性以及对人类社会和世界未来的人文关怀。可能有人会说："如果提纲中的问题学生都不懂怎么办？"我只能说，千万不要低估了学生的潜能，尤其是在信息社会的今天。要相信学生，应该把发现交给学生。当然，要启发，引导学生去发现，而且能发现得准，教师必须先发现，尽量地去发现。有时为了准备一份提纲，我得花一两个钟头。下面是《时间的脚印》预习提纲内容：

（一）阅读课文，勾画出自己感兴趣的语句。

（二）思考课文中几个重要问题：

1.读了本文，你了解哪方面的知识，请概括出来。

2.请为本文划分结构层次。

3.找出本文所举的实例，理解举例子这一说明方法的作用。

4.理解其他说明方法的作用。

5.由人记录时间的方式引出岩石记录时间的方式有何作用？

6.了解本文的说明顺序。

7.体会本文的语言特色。

8.请概括说明文的主要特点并与记叙文作比较。

9.课外请广泛阅读科普读物，谈谈心得。

实践证明，学生都能依据提纲中的问题去主动发现、自主创造、挑战"自我"、培养"自动"能力，也为课堂的"抢答"打下坚实的基础，"有备无患"嘛！

**三、引进竞争机制，突出学生的主体地位**

著名教育家陶行知先生曾说："教学的中心应该转移到学生身上，重视提倡和协调学生的主动性。"从传统的以"教"为中心转移到学生以"学"为中心，充分调动学习的主动性和积极性，把课堂"还"给学生。因此，学生是学习的主体，这已成为现代教育研究的共识。但在具体教学实践中，真正调动起学生的学习热情却并非易事。语文学习，无论是语言积累还是情感熏陶，都要在学生积极主动地参与中实现。要鼓励学生进行探究式学习，激活他们已有的知识，允许他们发表不同的见解，教师要在讲解与启发中维持一种“必要的张力”，发挥学生主体地位，发挥教师的主导作用。如何创设有利于培养学生成功心态的小环境？如何让学生动起来？经过思考，我决定把全班分成四个小组，在课堂上让学生以组为单位开展竞赛，对“预习提纲”中的问题进行讨论探索。每一位学生只要敢站起来发表自己的见解，便为他们的小组获得了10分。最后在下课前评出“优胜组”。同时兼顾不同层次的学生特点，“提纲”中一些容易的问题鼓励中下层学生回答；一些难度大的问题就让“尖子生”发表见解或“百家争鸣”。从而使每一个学生始终处于被激励的状态，不断地体验成功，造就具有成功心态的学生，促进学生的共同进步，而在此过程中，教师只在关键时候点拨、引导一下。素质教育的目的在于培养人，使受教育者在教育过程中不断提高，不断进步。从现代社会发展的需求来看，实现这一目标，非常重要的是培养学生的自信心和成功心态。课堂上通过分组竞赛，突出了学生的主体地位，又培养学生的竞争意识，合作精神，使学生能对自己未来事业的成功始终充满信心，敢于面对现实、不懈努力，敢于面对人生的种种挑战。

**四、借助学科相关知识，实现学生知识迁移**

语文知识是以多门具体科学知识为基础的，它与多门具体学科知识存在着密切联系。在教学中恰当地借助其他学科的知识，就能使学生产生亲切感，增强对所学内容的信任度，从而唤起学习的兴趣，实现知识的迁移。如我在讲《死海不死》一课时，上课前，我先请一个学生到讲台上做一个简单的实验。实验的过程是：把一颗鸡蛋放入一个盛水的透明容器中，结果鸡蛋下沉；当这个同学取出鸡蛋，在容器的水中加入大量食盐（按23%—25%计算），再将鸡蛋放入，鸡蛋便浮上来。同学们都兴趣高涨，议论纷纷。当实验完毕，我让学生用两句话概括一下鸡蛋沉浮的原因，经过讨论后，学生分析：由于水的密度小于鸡蛋的密度，所以鸡蛋下沉；由于盐水的密度大于鸡蛋的密度，所以鸡蛋浮在水上。通过这个物理实验，学生一下子便明白了“为什么人在死海中会浮起来”，那是因为：海水的密度大于人体的密度，于是懂得“死海不死”的含义。这样，借助物理知识，使学生很快进行语文知识的迁移，又大大激发了学生的学习兴趣，发挥了主体地位。总之，根据学生具体情况运用学生熟悉的知识去理解抽象的概念，教学的难度就可以迎刃而解了。

**五、引入现代教育技术，培养学生自主探究意识**

二十世纪九十年代以来，经济全球化、信息网络化，社会知识的浪潮正深刻地改变着人的生存环境和生存方式，以计算机、互联网、生物克隆、人类基因重组等为代表的现代科学技术的进步已经与人类的命运息息相关。随着科学技术的发展和各学科内容的渗透和整合，语文教学也越来越多地涉及跨越文理界限的综合性复杂问题，需要自然学科的加盟来解决。这为语文教学有意识地注意人文精神与科学精神交融统一提供了广阔的天地。现代科学技术的发展，更为语文教学带来诸多方便。便于激发学生的学习兴趣，便于培养学生自主的探究意识。特别是在计算机网络环境下，学习成为一个开放的系统。学生可以通过下载软件、网上查寻资料、通过电子邮件等与教师、同学交流联系等方法来完成学习。当我在教《死海不死》一课时，我在预习提纲中布置了一道问题让学生进行讨论“死海究竟会不会死”。学生通过上网查获了很多信息。于是课堂上讨论热烈，同学们纷纷发表了看法，学生主体地位也得到了充分发挥。有的认为“从一般常识看，当约旦河输入的水量与蒸发的水量相等时，死海就不会变小，更不存在死的问题”；有的认为“死海渐渐死的原因是从60年代中期以来，以色列截流或分流哺育死海的约旦河等河流造成的，再加上海水蒸发量大，入不敷出，死海终究会死的”；有的认为，“即使滴水不进，死海起码要到200年后才会干涸；实际上，不可能200年都不下雨，可见死海是不会死的”……经过激烈的讨论后，学生得出结论：“死海会不会死，与人们怎样保护有直接关系”。可见，通过引入现代教育技术，将成为激励学生学习的启动器，培养学生自主探究意识，更好地发挥了学生的主体地位。一举多得，何乐不为呢？

**六、采用多种教学手段，促进学生思维全面发展**

托尔斯泰说：“成功的教学需要的不是强制，而是激发学生的学习兴趣”，这说明了兴趣在教学上的重要意义。学习兴趣是学生积极性和主动性的核心，是学习的先决条件。运用恰当的方式，创设轻松愉快的学习环境，培养学生持久的学习兴趣，对促进学生知识，能力，觉悟素质的全面提高，促进思维的全面发展，有着重要的意义。而在传统教学过程中，教师往往只运用语言进行传授知识。但是我们都清楚知道，单一的语言只能对学生的听觉产生刺激作用。这样容易使学生的其他感官功能得不到发挥，也就容易使学生感到疲倦，永久下去甚至会导致厌学。所以，要优化课堂教学，发挥学生主体地位，就必须借助多媒体手段，科学恰当地运用和演示直观教具，图片、幻灯片等教学媒体，使学生在动态教学中了解和掌握知识，拓展思维，提高能力。如我在教学《苏州园林》一课时，很多学生并不了解“园林”是一种怎样的景象，而通过幻灯片，学生一下子就一目了然，产生身临其境的感觉，并深深体会到园林的“图画美”的总特点。另外，对新鲜、奇异的事物产生好奇心，也是中学生普遍存在的心理现象。在课堂教学中，我还充分利用寓言故事，小品表演等，为学生创设生动活泼的具体情景和想象空间，有利于启动学生最初的学习欲望，激发其学习兴趣，以此引导学生愉快进入语文课的知识体系。例如我在讲《水调歌头》一课时，我在课前让三位同学表演了小品《中秋夜》，帮助学生理解苏轼在词中所表达的“思亲”感情。实践证明，这样做能给学生提供直接形象的感知背景，有效地占领学生的思维空间，缩短认识，理解知识的距离，使学生在轻松的气氛中掌握了知识，学生主体地位也得到了充分发挥，促进思维全面发展。

为了让学生的主体地位能得到充分发挥，为了完成“‘5+4’教学模式初探”教改任务，为了让学生的今天“更美丽”，近来我在这六个方面做了较大的努力。哥白尼曾说：“人的天职在于探索真理。”没有追求，青春如同枯枝败叶，毫无生机；没有追求，生命宛如枯萎的鲜花，毫无意义。因此，纵使我“每一串脚印就是一滴辛酸的泪水”，我也一如“夸父追日”，无怨无悔。

（本文于2002年荣获澄海区东里镇论文评比三等奖）

# “过三关”与“仗五将”

## ——浅谈如何培养学生现代文阅读的能力

随着中考制度的不断改革，现代文阅读已成为中学语文学习的核心。培养学生具有现代文阅读能力，已成为中学语文教学的一项极其重要的任务。

《中学语文教学大纲》中明确规定：“在小学语文教学的基础上，进一步指导学生正确地理解和与运用祖国语言，提高阅读，写作和口语交际能力，发展学生的语感和思维，养成学习语文的良好习惯。”在诸种语文能力中，阅读被放在首位，表明了它在中学语文教学中的地位。但是，在实践中，我们却碰到一个极其棘手的难题：学生的现代文阅读能力低下，考试中现代文阅读永远是得分的难点，它犹如 扇神秘紧闭的“大门”，任你怎样叩打，都如石沉大海，激不起美丽的涟漪。究其原因，一方面，现代信息的复杂性与多样性，要求考生在阅读材料之后迅速做出判断，明白作者的思想倾向，方法主张、意识指归；另一方面，由于作者的性格志趣不同，文化背景殊异（有时还跨越国度），因而形成的语言风格也是大相径庭，所以，愈益增加了阅读的障碍。

因此，怎样培养学生现代文阅读的能力是一个迫在眉睫的问题。为了叩开“阅读”这扇神秘大门，本人在培养学生现代文阅读能力方面做了一番尝试，并戏之为“过三关与仗五将”，下面就谈谈我的具体做法。

## "过三关"

**第一关：理论关**

阅读为何物？莘莘学子，在做了大量的阅读试题，阅读了大量古今中外的名篇巨著后，恐怕很少有人能参透玄机，求得正果。总觉得那是一条茫茫路，看不到路的起点，也望不到它的尽头。因此，本人先让学生过第一关：理论关。

一、阅读的基本规律：

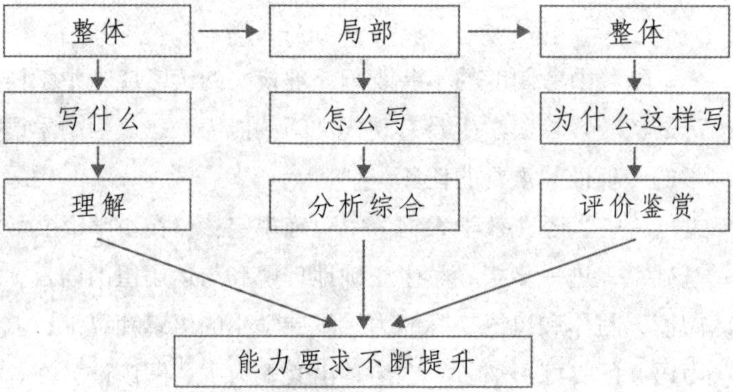


二、文章解读的基本任务：

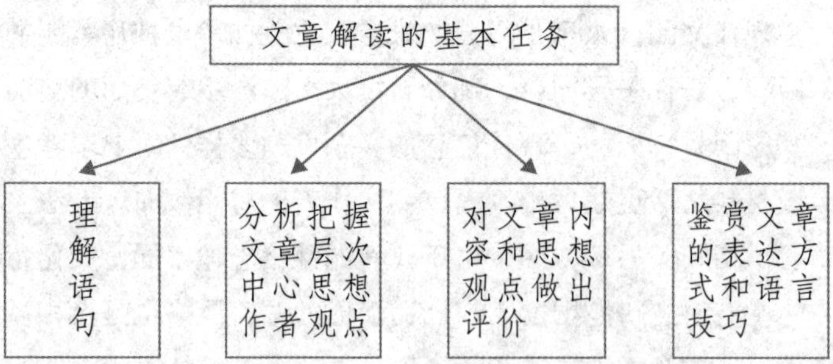


学生只有在明确了阅读的基本规律和文章解读的基本任务后，才能为他们黑暗的求索之路点上一盏明灯，指引着他们到达阅读的彼岸。

**第二关：方法关**

"晓之以理，导之以法"。在闯过了"理论关"后，我引导学生再闯第二关：方法关。阅读方法的掌握，不仅是个体发展的需要，也是时代的需要。根据阅读的基本规律和文章解读任务可知，阅读的方法可包括以下三个步骤：

一、通读文本，整体感知

阅读的初级阶段是了解把握文本的文字意义，即了解把握文本的表层结构。第一步要求学生扫除文字障碍，第二步要求学生把握文本表述的内容。第三步要求学生能三言两语概括文本要点。概括能力的训练必须培养学生抓大体去细节，抓主要去次要，从整体出发，摆脱细微末节的缠绕能力，即培养学生的整合思维的能力。概括能力的培养是这一阶段阅读训练的目标，如在教学《夏之绝句》时，我选择17—19段，让学生通过听班里一女生的配乐朗读后完成整体感知，再让他们从文本中提取关键信息进行简要概括，达到厘清文章思路的目的。这一阶段的阅读是浅层次，浅结构的阅读分析。

二、深入局部，精细探究。

如果说上阶段的阅读训练重点主要建立在学生自读上，那么，这一阶段的阅读训练重点要建立在酝酿、探究上，酝酿，探究是建立在研读基础之上，因而教师的指导也要把学生的阅读从“粗”读拉回到细读，即从整体阅读拉回到局部的研读。局部研读是反复品味、咀嚼的过程，也是深入文本深层结构的过程，即探究作者的创作意图。阅读的初级阶段是要求学生对文本作者写什么的表层结构的把握，而这一阶段是要求学生对文本作者赞美什么、歌颂什么的深层结构把握。而对这种深层结构把握最有效的途径是把握文中的关键句。关键句的类型和解读方法如下所示：

1.文眼句

解读方法：

①文章的统摄句、概括句，总结句或某些解说句即“文眼句”。

②出现形式常常是句首或句未，少许在句中。

③其句型通常为判断句（表达观点）、陈述句（叙述事实）、感叹句（直抒胸臆）实例：在阅读《夏之绝句》中，我引导学生进行细部研读，提出问题：“有时候我们抱怨世界越来越丑……在机器声交织的音图里，也有所谓的‘天籁’，你对此如何理解？”

2.结构复杂的语句

解读方法：

①联系全文，全段进行推测，把握文义。

②抓住关键词句带动全句理解。

③弄清是单句还是复句。

④删除枝叶抓住主干（厘清句子结构）。

实例：如《夏之绝句》我提出第二个问题“太忙”“太专注于自己”会产生怎样的恶果？你如何理解这句话？

3.内涵丰富的语句

解读方法：

①联系前后文的相关内容推测。

②结合文章写作背景，理解含蓄句。

③根据作品风格，找出比喻关系，理解比喻意义。

④抓中心句，关键词。

实例：如《夏之绝句》中我又提出：如何理解“蝉声何尝不是生命之歌”？作者说“夏天，像一首绝句”这句话表现了夏天什么样的特点？

4.理解句间关系

解读方法：

①抓各句结合的重点。

②抓句群，语段揭示的中心或目的。

③注意关联词。

④理解思路，确定层次。

实例：如《夏之绝句》中，在分析关键句后，我让学生重新厘清作者思路，确定层次，并用文字表达出来。

这一阶段需要读者对这些局部地区进行细节化分析，并注重联系自身的感受体验和生活经历，才能使局部探究，做到“细而活”。

三、回归整体，拓展迁移

回归整体是一种阅读的超越，是读者主体意识的扩张。读者从文本中获得的不仅是对传统意义或作者意图的解读，而且是对文本的辨析、评判或是对文本潜在意义的不断发掘。辨析评判或是发掘能力的培养是阅读的超越。乔姆斯基说：“只有深层结构才能决定意义。”教师在引导学生进行局部探究后，要带领他们回归整体，对文本进行辨证、评判、挖掘深层意义，并进行拓展迁移。迁移是已经学过的东西在新情境中的应用，也就是已有经验对解决新课题的影响。概括能力的培养是进行迁移的重要前提，培养联想能力是迁移的关键，分析类化能力的培养是迁移的最终环节。如在阅读完《夏之绝句》后，我提出三个问题：第一，读完本文你最深的感悟是什么，你与作者有没有产生共鸣呢？第二，请仿造“春天，像一篇巨制的骈俪文；而夏天，像一首绝句”这个比喻的写法把“秋天，像……冬天，像……”这个句子写完整。第三，总结散文的阅读方法。通过这三个问题的设置，有效地引导学回归整体。评价鉴赏，再进行拓展迁移。

**第三关：文体关**

在顺利通过“方法关”后，教师还要带领学生勇闯第三关：文体关。因为不同的文体有不同的考点和阅读方法，学生要培养文体嗅觉再根据不同的文体“随机应变”“对症下药”，才能使阅读事半功倍。如阅读记叙文，必须注意把握文章的基本因素，厘清记叙的顺序以及线索，准确理解记叙文中的描写，议论和抒情，最后从整体上全面把握记叙的内容，理解作者的写作意图和文章所反映的中心思想。再如阅读议论文，必须注意通读全文、明确论题；依据论据，找出论点；分析论据，理解论点；了解论证方法，体会议论文的语言。又如阅读说明文，必须注意从总体上把握说明内容，理清说明顺序，准确判断说明方法及其作用，体会准确生动的说明语言。

## “仗五将”

**第一位“大将”：积累性阅读**

积累性阅读指“以积累感性语言材料和自然，社会知识为基本目标的阅读”，它是形成以语感为中心的较高语文能力的最重要基础。它包括课内和课外、校内和校外、教师指导和自主选择，纸本读物和非纸本读物、有字书和无文字书等等。它是阅读的“根”。

**第二位“大将”：理解性阅读**

理解性阅读“以弄懂作品词语、句子、篇章、写作方法、思想内容、社会价值为目的的阅读。理解是阅读的核心。读者与作者虽然相距几千年或相隔几万里，但可以转换角色，穿越“时间隧道”或“飞渡重洋”，设身处地去体验作者的境遇和心情，理解要善于透过文字看到字里行间的潜台词，领会作者的弦外之音。它是阅读的“茎”。

**第三位“大将”：比较阅读**

比较阅读指：“在分析综合的基础上借助比较的思维过程而进行的一种积极主动的阅读。”比较阅读类型可以分为同类比较和异类比较。比较阅读的方法可纵向比较也可横向比较。通过比较，求同求异。它是阅读的“叶”。

**第四位“大将”：探究性阅读**

探究性阅读指读者不迷信书本，边读边思考，深入探讨，细究精研、以求探根究底的主动阅读，探究性阅读的思维是多向的，可以审美也可以审丑，可以肯定也可以否定，可以推翻文本，自铸新词。它是阅读的“花”。

**第五位“大将”：批判性阅读**

批判性阅读与“阅读批评”同义，既有对文本内容和形式的否定，反驳与匡正，也可以对文本内容和形式进行肯定，阐扬和补充。同读一卷书，各自领其奥。阅读贵在独创，科学就是在不断批判旧说中前进。它是阅读的“果”。

综上所述可知，现代文阅读能力的培养，可以通过引导学生勇闯理论关，方法关，文体关，再倚仗积累性阅读，理解性阅读，比较阅读，探究性阅读，批判性阅读五位大将，最终就一定能叩开“阅读”的神秘大门。虽然这是一个漫长而艰难的过程，但我一直坚信，人生就像是一场拼搏进取前仆后继的荒野接力赛，所以，我辛苦着但无悔，因为，当叩开这扇神秘的“阅读”大门后，我们将看到门里那动人心魂的景象！

（本文于2004年荣获澄海区教学论文三等奖）

# 让每一块璞玉焕发出最亮丽的光泽

## ——谈新课程标准下的语文探究教学

长期以来，学生缺乏学习语文兴趣，语文学习效率低下一直成为困扰教学的瓶颈。究其原因，在于传统的填鸭式教学模式，抑制了学生的思维，严重束缚学生的身心，导致课堂气氛死气沉沉，使学生失去学习活动的空间，丧失了自主学习的积极性。这就像把一只只朝气蓬勃的小鸟禁锢在一个“笼子”里，“想要飞却总是飞不高”。为了激发学生的学习兴趣，培养学生的思维能力，挖掘学生的潜能，变被动学习为主动学习，在《麦琪的礼物》一课中，本人尝试采用了探究式教学法，使学生从“要我学”变为“我要学”，从而提高了教学效率，达到了教学相长的目的；又令课堂焕发出别具一格的生命力。下面，本人谈谈几点具体的做法。

**一、还给学生一方可以自由翱翔的天空。**

早在 1995 年杨振宁教授接受我国电视台记者采访时曾不无感慨地说：“中国学生胆子小，老师没讲过的不敢想，老师没教过的不敢做。”一句话概括了传统教育的弊端。因此，为了让学生有自由发挥的空间，在教学《麦琪的礼物》一课时，我一改教育者居高临下的面孔，与学生真心诚意地平等交流，让学生真正成为课堂的“主人公”，打开“樊笼”，还给学生一方可以自由翱翔的天空。具体的做法是，我改变以往的讲解小说三要素的教学模式，而提出一个让学生探究的议题：“如何读懂小说？”请以《麦琪的礼物》为例进行讨论探究。我让学生以四人为一小组进行讨论，自主选择一个读懂这篇小说的突破口（即围绕课文再提出一个自己要探究的小问题）。“一石激起千层浪”，这种全新的教学方法一下子把学生的积极性调动起来。他们纷纷围绕课文进行讨论，最后各小组派代表发言。有的选择要探究小说的三要素；有的选择要探究小说的主旨；有的选择要探究小说的风格；有的选择要探究德拉是一个怎样的女性；有的选择要探究小说中修辞手法的运用；有的选择要探究小说中的悬念与巧合……整个课堂顿时由“死气沉沉”变为“活力四射”。俗话说：“不学不成，不问不知”，因此学会学习首先要学会“问”。亚里士多德曾经说过：“思维从疑问和惊奇开始。”问题是进行科学研究的起跑线，是开启一切知识大门的金钥匙。在我的引导鼓励下，大多数学生敢对课文大胆质疑，敢于奇思妙想。这既培养学生的求异思维，善于从不同角度看问题、思考问题和发现问题，又营造了学生敢问敢思的良好氛围，使一颗颗求真的心都能插上翅膀，自由地翱翔在“探究”的天空下。只有敢于提出问题的学生，才能发展智力，学有所得；只有把思维的触角伸向知识的深处，才能迸发出智慧的火花！

**二、燃起学生求知探索的渴望之火。**

著名心理学家皮亚杰说：“所有智力方面的工作都要依赖兴趣。”兴趣是最大的吸引力，一个人对自己感兴趣的事总会抱有极大的好奇与热情去关注它、研究它。牛顿在苹果树下看见苹果从树上掉下来便产生了极大的好奇，提出了“苹果为什么掉到地上而不飞向天空”的疑问，创立了万有引力的学说。我国数学家陈景润在小学时便对哥德巴赫猜想产生极大兴趣，数十年如一日地钻研，终于摘取哥德巴赫猜想皇冠上最璀璨的一颗明珠。是什么使他们取得这么大的成就呢？原因是有很多，但最基础的莫过于他们从小便产生了兴趣。在《麦琪的礼物》一课中，我让学生围绕课文大胆质疑找出突破口后，学生的兴奋点已被触发。我再因势利导，引导学生从人物、情节、风格三个方面对课文进入精细探究。并允许他们可以自由选择题目进行回答。其他各组同学可以发表不同的看法。于是，各个小组按选择题目纷纷进入紧张的讨论状态，再派代表发言。如第三小组在自主选择探究小说中的悬念体现在哪里时，经过一方讨论交流，便派代表发言为，分别可从小说的开头“德拉为什么反复数一块八角七分钱”和“为什么杰姆一进门见到德拉就有一种捉摸不透的表情”作详细分析。第五小组的同学立即补充认为：“德拉要怎样才能寻到钱为杰姆买礼物”

和“杰姆又是怎样才能寻到钱为德拉买礼物”也是悬念的体现……“水尝无华，相荡乃成涟漪；石本无火，相击而发灵光。”通过探究，既培养学生的创造意识，又能让学生相互补充思想；既看到自己的不足，又看到别人有价值的观点，往往在此期间，自己也能够产生新的观点。特别是在讨论交流中，发言者都要通过语言的表达来交锋，这是对听说能力的一个极好的锻炼机会，学生的个性也得到充分的张扬。可以说，没有众里寻她千百度的执着，也就不可能有蓦然回首时惊喜。当一个个难题的“堡垒”在学生的认真探究下土崩瓦裂时，他们也真正品尝到“探究”这杯貌似苦涩实则甘甜的“咖啡”的魅力。

**三、构建教师、学生、文本的平等“对话”空间。**

犹如一只美丽的蝴蝶，“对话”飞进语文教学的“窗口”。新颁《语文课程标准》明确指出，“阅读教学是教师、学生、文本之间的对话过程”。“对话”已成为一种课堂阅读教学的现代意识和观念。传统的语文阅读教学，是以教师为中心，以“讲读”为主要活动方式。教师照单全收教参分析，又居高临下地教给学生。而作为阅读主体的学生没有属于自己的阅读时间和阅读空间，很少用自己的心灵和头脑去感知、理解、领悟、分析文本机会，缺乏甚至失去了对文本的话语权。而在探究式教学活动中，教师、学生、文本三者是平等的，无主次之分的；教师、学生、文本在对话过程中交接、冲突、介入与融合。它首先是学生与文本之间的对话，然后是学生之间就文本进行的对话。教师参与后，则是学生、教师就文本而进行的对话。在探究《麦琪的礼物》一课时，我努力营造适宜学生对话的自由轻松的环境（让他们大胆地对课文质疑），带领学生进入课文情境，让他们多方面充分地感知文本，思考文本；让他们亲身体验，理解，入乎其中，在知、能、情、意等方面获取全面积淀与熏陶。我在认真倾听学生对文本的初步认识，了解他们的初步感受、分析和理解后，再以一个研讨者的身份平等地参与到学生讨论中，谈自己对这部作品的了解、感受和认识。当学生表示疑惑或不同意时，我又鼓励学生大胆质疑或提出异议，然后再一同进行更深入的探究。如在分析小说风格“含泪的微笑”时，很多同学表示费解。既“含泪”又哪来的“微笑”？我引导他们思考：德拉和杰姆辛辛苦苦为对方所准备的礼物都失去作用，这是不是一种“失望的含泪”？而他们在失去的同时，又都获得对方浓浓的“爱”时，这是否是一种“欣慰的微笑”？然后，我又继续发表我的看法：人物是小说三要素最重要的，小说正是通过刻画人物揭示了主题。那本文通过对杰姆夫妇的刻画揭示了什么主题？这样，就顺理成章带领学生对主题进行探究，经过讨论，大家达成了共识：小说反映了美国下层人民生活的艰难辛酸，赞美了主人公善良的心地和相濡以沫的感情。最后，我又趁热打铁，引导学生“跳出文本”，进行更深层的审视、思考。我让各组派代表发言：经过这个探究过程，你们认为读懂一篇小说可从几方面入手？经过激烈讨论后，各组代表分别提出可从小说的三要素、主题、主人公、创作风格、情节安排等几方面入手。我再进行归纳总结，引导学生形成基本方法：①明作家、知背景；②析要素、重人物；③深分析、挖主题；④细品评、寻特色。在整个探究的过程中，学生是以一种轻松愉快的心态进入文本，以积极乐观的情绪参与阅读活动，以自由的思想与文本和教师对话，与自己的思想和心灵对话，圆了一个平等“对话”的梦。

**四、给予学生以深情的“人文关怀”**。

21世纪是知识经济的时代，是重生存重感受的时代。素质教育的本质是以人为核心，以人的全面主动发展为目的。它重在引导青少年一代更好地洞察人生，完善心智，净化灵魂，理解人生的目的与意义，找到正确的生活方式。探究式教学，将更多地关注人的本质、人的情感、人的灵魂，以人为本。这是教育的进步，是现实教育向教育本质的回归。我在探究式教学过程中，总是努力创造一种宽松、宽容、富有活力的教学气氛，了解每一个学生的需要，给予每一个学生以深情的“人文关怀”。尊重、相信、理解和关心每一个学生，发挥每一个学生所具有的潜能，发展每一个学生所具有的个性。培养学生再次发现知识的探索精神，培养创新意识和创新的能力。在课堂上，没有唯一正确的答案，有的是师生不断探索的热情；没有权威，有的是怀疑、批判、创新的精神。如在对《麦琪的礼物》探究的尾声，我充分挖掘文本中的育人资源，利用其中饱含人文因素的内容，把视点投射到学生的灵魂深处，我让每一个学生反思：学习这篇小说后，德拉和杰姆之间真挚的爱令你的心灵受到了什么触动？这就引导学生对人生中“爱”的主题进行思考评价。很多学生在深思熟虑后，纷纷发表看法。有的学生认为人生中“爱”是很重要的，失去“爱”也就失去生存的意义；有的学生认为，人处在逆境中，往往需要真诚的“爱”去支持对方走过坎坷；有的学生认为“爱”的魅力是无穷的，从此他将努力使自己成为一个充满爱心的天使，去把“爱”带给父母兄弟，以及每一个需要关心、帮助的人……这又是一番张扬个性的讨论探究。通过探究，学生已在不知不觉中接受了深情的“人文关怀”，完成了自己灵魂的一次历练和升华；课堂也因此浸润在一个脉脉的温情世界。“问渠哪得清如许？为有源头活水来”！“探究”令我们的课堂变得如此清新！

学生潜能是美丽的璞玉。当你还给学生一方可以自由翔的天空，燃起学生求知探索的渴望之火，构建教师、学生、文本的平等“对话”空间，给予学生以深情的“人文关怀”后，你会深切地感受到：探究，让课堂焕发出别具一格的生命力；探究，让每一块璞玉焕发出最亮丽的光泽！

（本文获得2006年汕头市教育学会论文评比三等奖，发表在2007年10月东里中学编辑的《教育教学论文集》）

# 构建“景、情、理”的纯美世界

担任学校“原上草”文学社指导老师多年，笔者在指导学生散文创作上进行了一番探索。如何才能写好一篇散文？笔者认为，应在散文中，努力构建一个“景、情、理”的纯美世界。因为一篇好的散文，真正令读者感动的，难道不是它所描绘的优美景色、所抒发的真挚情感、所阐述的人生哲理吗？只有当“景、情、理”三者和谐结合，水乳交融时，展现在你眼前的一篇篇散文，已不只是单纯的文章，而是一个个令读者心驰神往，为之倾倒的纯美世界了。那么，如何构建这个“景、情、理”的纯美世界呢？下面，就谈谈本人的点滴体会：

**一、细腻地绘景**

当生活的浪花簇卷着一幕幕瑰丽的自然景观涌进人们的视野时，我们往往惊叹于大自然的奇妙精致和鬼斧神工，同时也常会涌起将短暂变为永恒的冲动，如何将这份冲动变成永恒的纪念，让人们在多年之后再看这些文字时，依旧怦然心动呢？这离不开细腻地绘景。怎样细腻地描绘景物呢？除了要教给学生观察景物的方法，让学生脑中有物外，选用恰当的表现方式最为重要。

1.选用能准确体现景物特点的动词，形容词。准确传神的动词，形容词可生动描绘景物的形状和动态，增强文字的表现力。如本人在散文《张家界，我的咖啡之旅》中，在描写黄龙洞时，我这样描绘：“进入迂回曲折的洞里。只见五颜六色的灯光辉映，千奇百怪的石钟乳岩，正向游客展露它最美丽的‘喀斯特’容颜。”这一句中，我运用了一系列的动词和形容词，三言两语已把黄龙洞的形状、色彩、神韵表现出来。

2.选用生动形象的比喻，拟人等修辞手法。恰当的修辞是使文字生动化、形象化的必要方法。写景物为了把静态的景物写活，写传神，很有必要选用一些修辞。如在本人的散文《又见街头樱花开》中，我是这样描写樱花“那绿蝴蝶般的叶子簇拥下，朵朵‘樱花’姿态万千，袅袅娜娜，如一群红衣少女，醉态可掬地浅卧在绿波中，几许娇柔？几许情牵？”这里，我把绿叶喻成蝴蝶、绿波；把樱花拟人，变成一群红衣少女，这样，展现在读者面前的，就是一幅清新动人的少女醉态图了。樱花那份娇柔、妩媚的美，早已让读者动情了。

3.选用象征、对比、衬托等表现手法。象征、对比、衬托是散文中常用的表现手法。在景物描写中，恰当的表现手法，能更好地刻画出事物的特点，含蓄地表达作者的感情。如本人的散文《为爱逃亡的日子》中，在莱芜海边，迷惘、痛苦的我，“仿佛看到，一朵巨大的洁白的莲花正在海中央慢慢绽放，那样地一尘不染，那样地宁静悠远……”在这段文字中，我运用了象征和反衬的手法。洁白的莲花象征一尘不染的清净世界，我看到莲花，表达的正是痛苦的我想隐逸进那个空灵世界的愿望。而莲花的白，又反衬出海的黑以及我的心情之黑。可见，恰当地运用象征、衬托、对比，其妙不可言。

4.发挥合理的想象。景物描写不能只是如实地描绘景的形、色、动态变化，还要发挥合理的想象，把不会传言的景物写得有血有肉、活灵活现，把概念化的景物特征形象化。如上文所述的《为爱迷亡的日子》中，在海面上浮现洁白的巨大莲花，这当然是发挥了合理的想象，因为在我们记忆的脑海中，电影电视中的海面红光闪耀，就有仙人脚踏莲花翩然而至了。这样，既增强海的神秘氛围和无穷魅力；又增强了文字的表现力和文字色彩。

5.选用句型句式俱佳的句式。为了写景的需要，在语言的形式上也要有所选择，比较适宜的句式有排比句、对偶句、反问句等。如本人在散文《感受大海》中有一段关于海的描述“大海是善解人意的，不是吗？此刻，它正倾尽其所有，为它的游子，展露最温柔的怀抱。阳光软软地吻着海浪：海浪软软地吻着我：我软软地陶醉着……这里，我运用了反问句，排比拟人句，既增强文章的语形语势，又有形式上的和谐对称，更表现出我陶醉于大海的情势。

**二、真挚地抒情**

不论是哪种散文，都是以抒发作者对生活个性化的感悟为主的，因此，表现个性、抒发真情是散文的另一重大特点。冰心曾说过："母亲付予了我以灵魂和肉体，我就以我的灵肉来探索人生。"她认为要写的散文"必须是作者自己对于他所描述的人、物、情、景，有着浓厚真挚的感情。"可见，散文写人写事写景都只是表面现象，从根本上说写的是感情体验。因为在散文中，写作者都是带着主观情感去感受天地万物、人生百态：去遣词造句成文的。感情体验就是散文中"不散的神"。就如朱自清的《背影》，不只是要记录回家和父子离别的琐事，而是要吐露一种对父亲及失败的父辈的怜惜和敬爱。散文中的感情体验，是散文的内在结构。如何在细腻地描绘景物之后，令这永恒的美焕发魅力，引起读者深切的共鸣呢？这就需要作者真挚地抒发出内心的独特的情感体验、融情入景了。正所谓"万般景语皆情语""滴水瓣花总关情"。只有当情与景水乳交融时，那种境界才能动人心魄、扣人心弦。怎样真挚地抒情、融情入景呢？

1.融情于遣词造句的细微处，不直接表露情感。行文过程中，细腻地描绘景物特点只是文章的表象，更重要的是在字里行间不经意地融注作者的主观情感，让读者眼前出现的是一幕幕景物，而头脑中却充盈着由景物生发出的情感，这样的行文才是成功的。如本人在散文《又见街头樱花开》有一段关于樱花的描写"又见樱花开！又见落红飘！那片片随风翻滚的'红泪'，把那腔难以解脱的愁怀，透过冷冷的北风，就那样丝丝缕缕地传递给我，把我从云端拉下，跌坐在其中，涩涩地品尝这近乎撕裂近乎痛楚的花瓣雨！"其实在众多路人眼中，樱花飘零只是一种自然现象，"樱花"自己也不觉得痛苦。但在我的笔下，"樱花"却是在掉"红泪"，为什么会这样呢？原来是我在流泪，为将要动手术的妈妈流泪。于是，我把这份悲情移入"樱花"中，借花言情，这就是将情感融于遣词造句的细微处。杜甫的"感时花溅泪，恨别鸟惊心"也是这个道理。像这样写景，笔下的景物怎能不显情？文章怎能不生辉？

2.集中抒情议论、直接表露作者的主观情感。即作者直接点明对所绘之景特有的感情，它往往是描绘一点评议一点或先集中绘景后集中抒情，如本人在散文《张家界，我的咖啡之旅》中，在"第二杯"《奇洞迷情》，我在集中描绘了黄龙洞的奇景后，集中抒情"我不知自己，为何每到一处岩洞，总无法面对这些沉睡的岩石。我发觉自己极怕和她们的眼光碰撞，和她们的心灵对话。是因为我读懂了她们尘封的石的心事吗？原来，从坚硬中流泻出来的柔情啊，竟有股令人无法抗拒而又如此摄人心魄的力量！才明白，那条冰冷的阴河，许是她们旧梦难圆的眼泪？！才令我，如此地心旌摇荡、凄然涕下？！”这就是我在看遍了很多奇洞化石之后，在那一刹那，突发的一种凄凉的心情。因为，由化石我想到望夫石，由望夫石我想到情人的生离死别，所以才有这一番感叹。这番抒情，是由景而生：而由于我融情入景，景也因我而活。情景交融，相得益彰！

**三、深刻地说理**

散文不管采用何种结构方式，何种表达形式，其目的是明确的，即文章要有“思想的光亮”，“多一些感情色彩”，应该像一面窗户，“透过它，人们可以望得更远、更高、看见更多的东西，引起深思和遐想”这几句话形象地告诉我们：散文要讲究立意。立意就是作品所确立的主旨，就是在构思和写作过程中，提炼和挖掘的主题思想。它可以是对事理的昭示，对人生的感悟。可以说，立意是散文的灵魂。立意是否高尚、新颖、深刻，显示着一篇散文思想价值的高下，体现着作者的思想修养和水平。散文的立意要求含蓄蕴藉、耐人寻味。古人写文章也很重视立意，在这方面留下不少精辟的言论。唐朝的杜牧说：“凡为文以意为主，以气为辅，以辞采章句为之兵卫”；清代王夫之说“无论诗歌与长行文字，俱以意为主”；鲁迅所说的“选材要严，挖掘要深”，也是提但在提炼思想上下功夫。可见，写文章时要明确自己要表达什么思想，要说明什么道理，这是非常重要的。如何在散文中深刻地说理呢?

1.明述事理、直抒胸臆。这种思想的表达，或者在描写、叙述的过程中，夹叙夹议，表达出思想观点；或者通过抒情、议论表达出作者的爱憎。这种方法，直抒胸臆，畅快淋漓，直截了当。如本人在《敢唱一曲“红头船”之歌》中，有一段充满激情的说理“我真的惊叹潜藏在人弱小身躯内的不可藐视的生命力！滚滚红尘，芸芸众生，都只是沧海一粟！但这微不起眼的一粟，历经风雨的洗礼；历经拼搏、拓展、创新、奉献，却能创造出生命的奇迹！”这是我在读懂了“红头船”的精神内涵后对人的生命力的敬畏和热爱，我也想以我的感悟告诉世人一个深刻的道理：只要你历经拼搏、拓展、创新、奉献，你也能创造出生命的奇迹！

2.托物言志、借景说理。这是散文中常用的表现方法。这种方法，主要是通过对于一件事或一种景物的描写，抒发思想感情，表达人生哲理。作者要表达的思想不是作者直截了当地叙述出来，而是通过描写事情和景物本身，采用画龙点睛之笔表达思想。就如古代写诗讲究诗眼，写散文则讲究文眼，即用简洁的点睛之笔，表达出主题思想。如本人在散文《敢唱一曲“红头船”之歌》中，运用的就是这种托物言的方法来揭示主题。在叙述了漫长的初三备考的艰难日子后；在叙述了祖先乘红头船搏击风浪的艰辛后；我这样写道：“我不敢说张校长是多么伟大，但我敢说他应是一条敢冲敢拼永不言败的红头船，永远航行在最前面，带领我们这一条条小船一起扬帆出海。不管海的彼岸有没有亮丽的风景，不管海面上有多少狂风暴雨；中国的牛只懂低头犁田，那我们，就只懂搏击风浪，只懂迎接挑战！”文章到此，读者当然能领悟我借“红头船”，赞颂的是东中人身上的那股敢冲敢拼永不言败的精神。

综上所述，要想构建一个纯美的“景、情、理”的世界，离不开细腻地绘景、真挚地抒情、深刻地说理了。它们是三个重要的支点，只要把这三个支点和谐地结合起来，你将托起一个明净无尘的水晶世界！

（本文于2006年获澄海区论文评比三等奖）

# 给你一杯“冰红茶”

## ——尝试“五激活”的作文教学

二十一世纪是竞争更激烈、对人要求更严格的世纪。只有基础扎实、敢于创新的人，才能在其中得到更多的发展空间。作文教学作为语文教学的重要组成，具有很强的综合运用各科所学知识的要求。它不仅能培养学生形象思维、逻辑思维、创造思维等能力，还可以培养学生的审美情趣及正确的人生观、世界观。但是，在实践中，许多学生谈作文而色变，每当布置作文，总是叫苦不迭。学生惧怕作文，难以下笔成文，究其原因，笔者认为大致有以下五方面的因素：

**一、生活之“源”干涸。**

写作材料源于生活，但为应试，学生大部分时间都在教室里，埋头作业堆中，缺少对生活的观察，另外，没有明确的观察目的和任务，缺乏观察的计划性和良好的观察习惯等，也会导致学生缺乏第一手材料的积累，长此只会形成素材储存仓库的空虚。

**二、阅读之“流”堵塞。**

写作中字词的积累及技巧多来自阅读。平时，学生为应付繁重的课业，极少看课外书，就算看，也只追求情节，教师在平时的教学中往往只是为教阅读而指导阅读，学生无从在阅读中得到精美语句的滋补及无法获取精巧结构的模仿。

**三、思维之“路”迷惘。**

思维之“路”迷惘是指学生的写作思路受到限制。它表现在：①作文教学过程单调，死板，大多沿袭老一套，由教师命题——指导学生作文，教学过程中由教师主宰，学生没有多少自主权，学生作文有如鸟在笼中跳，又如何能写出好作文？②老题目，旧题材重复出现。如《童年趣事》《有意义的一天》《我的老师》，从小学一直写到初三。学生懒得考虑其他，便篇篇都是“似曾相识燕归来”。

**四、表达之“门”紧闭。**

在作文教学中，教师往往忽视创设良好的氛围，培养学生的口头表达能力。它也是写作的必要前提。口头表达能力的培养从小学一年级就开始了训练，而到了初中阶段，大多数学生在表达上仍不尽如人意。表现为“心门”紧闭，言不由衷，说话不连贯，不得体，条理混乱。在此影响下，学生作文的内容、结构、情感等肯定大打折扣。

**五、实践之“趣”缺乏。**

孔子云“知之者不如好之者，好之者不如乐之者”。在学生的心目中，作文是枯燥无味的，写作文只是应付老师，只是为了得分数，而不是自己主观情感表达的一种需要，因此，对实践写作缺乏浓厚的兴趣。教师不懂激发学生的兴趣，只是以强制性的手段迫使学生完成作文，更易引起学生对作文的厌恶。“看了题目皱眉头，咬断笔头开不了头”这种现象，已到了令人同情而又悲哀的程度。

以上死板的教法，无目的性的写作训练，不但浪费了学生时间，更易引起学生之反感。他们怕作文，厌作文，作文教学因此而徘徊不前。基于此，笔者尝试“五激活”的作文教学，下面谈谈具体的做法：

**一、激活生活，体验情感。**

笔者模仿发达国家教育实践家的作文教育方式，提前一个月，将几个作文要求布置给学生，敦促学生深入家庭、商界、政界去观察，亲临现场协助服务；去体验，萌生各种酸甜苦辣的情感。如在假期鼓励学生到麦当劳、工厂、社区等参加工作，亲身体会生活的味道。教师也可有意识地设计，组织校内外有益于丰富学生生活，体验各种情感的活动，如组织学生到福建东山岛、绿岛山庄、海门等旅游点游玩；组织学生参加吃苦耐劳的登莲花山活动，步行到海堤的野外“拉练”活动；组织科技小实验，手工小制作等活动；组织故事会、演讲比赛、朗诵比赛等活动，让学生自由参与并切实体验，丰富学生“快乐与艰辛的情感”。这样，既开阔学生视野，增加学生的阅历，又使其在老师悉心指导下，观察自然，了解以人为本的社会，逐渐培养学生热爱生活，留心周围人、事物的良好习惯，积累材料，营构体验性情感，解决临到作文时搜索枯肠，无话可说的突出问题。

**二、激活阅读，体验迁移。**

现行阅读教学与作文教育是脱节的。在学生的心目中，阅读对作文写作的迁移效应没有什么作用。因为许多学生的阅读量不少，可作文水平仍很低。因此，激活学生阅读，敦促学生体验阅读迁移到作文之中的成功喜悦，这是一个至关重要的环节。笔者的做法是：激活学生阅读冰心的《谈生命》，分组进行讨论，交流自身听课学习的体验，模仿谈谈“当生命遭受困难和挫折，你会怎么做？”让学生感悟到坚强、乐观地面对生命；指导大家阅读《我的叔叔于勒》，提问“你家有没有类似值得写的人物或事件？”激活大家回顾，体验亲情；布置学生课外阅读，自由选读名著《钢铁是怎样炼成的》《骆驼祥子》《水浒传》《西游记》……任选一个角度写读后感受；阅读诗词，感悟诗人人生，以“我最喜欢的诗（词）人”为话题进行创作……从他们的习作中可以看到“阅读—体验—迁移”的鲜明痕迹，学生的习作中写道：“我的身体不好，家庭也不和，这一直困扰着我，但比起保尔柯察金的瘫痪要幸运得多。因此，我要克服重重困难，在学习这个熔炉里使自己锤炼成钢”“旧时代的骆驼是为了生存，今日的骆驼，比如我的父母亲，则是为了我的成长和求学，我要学习骆驼勤奋、善良的品格，鞭策自己好好学习”“生当作人杰，死亦为鬼雄，李清照，我读懂了你‘人比黄花瘦’背后的坚强，我知道女人以后的名字不再叫‘软弱’”……这样，学生体验到由“读”到“写”的迁移效果，领略到阅读被激活的无穷魅力。

**三、激活思维，体验创新。**

有了生活情感体验，有了阅读迁移的体验，还得激活学生积极主动的思维，整合从各方面得来的材料、语言、表达方式、结构方式，在作文写作之前，进行思维活动。笔者这样指导学生：一是想清楚为什么写，二是想清楚怎样写，写什么不写什么，多写什么少写什么，先写什么后写什么，选择什么表达方式为主，采用什么结构组织材料，均要通盘考虑，让学生在博采众长的基础上，历经个体的思维活动，发挥主观能动性和创造力，逐步体验思维创新。

这是作文各个环节中最为关键的富有成效的活动。而为了培养学生的创新思维，笔者着重从两个方面进行努力：（1）激活学生的逆向思维，变方向，变角度，变途径地思考问题，摆脱思维常规、寻求超凡脱俗的感觉。如引导学生了解春蚕有无私的一面，“春蚕到死丝方尽”，也有自私一面，像所谓的“作茧自缚”；再如“这山望见那山高”，可以批评那些见异思迁，不脚踏实地的人，若反其意“这山望见那山高难道不好吗？”人要永远有新的目标，不断地追求、攀登，生命才有意义。（2）激活学生的发散思维，多方向、多角度、多途径地思考问题，寻求对一个问题的多种正确认识和解决问题的多种正确方法。如引导学生从“0”之外表和本质特征去联想社会生活，类比人生中的种种问题，将它们描写出来，答案是多样的：“0”像转动的车轮、像漏水之筛子，像明月，像红日，像孩子脖子上的项圈，像妈妈手上的戒指。“0”是起点，也是终点。有志者失败了从“0”开始，无志者一事无成，以“0”告终……其他的还有激活学生的比较思维、归纳演泽思维等。可见，只有激活学生的创新思维，才能收到作文创意创路创词的新体验。

**四、激活表达，体验交流。**

古往今来，许多人才虽思维能力很强，但是表达能力却很差，现在学生高分低能，与表达也有关系。因此，创造性表达的激活，急待加强。教师要努力创造求真，求诚的作文氛围，尽力激活拓宽学生表达的时空，让学生无拘无束，打开思路。如笔者经常组织学生进行课前五分钟的演讲或讲故事、朗诵比赛等；定期组织学生分类交流各自创作的日记、周记、观察记录、阅读摘要，吸收于己有用的表达方式方法，以收到互补的良性效果；组织学生办手抄报、班报、班刊；组织采访、通信、假期社会调查、服务社区等活动；以此来激活学生的表达，点燃交流的激情，体验交流的快乐。这样，学生实践作文的兴趣方可更浓。笔者负责指导的“原上草”文学社，更是一直受到学生的喜爱和支持，每期参加人数多达两百多人。因为它为学生提供了一个良好的表达交流的平台。学生在这里主动地表达，快乐地交流，积极地投稿，已出版期刊35期，成为校园一道亮丽的风景线，成为了高考、中考语文科尖子的摇篮。

**五、激活实践，体验成功。**

其实，说教式的理论再多，远远不及实践作文一练，只有在“下水作文”中才能体验品尝成功的乐趣。笔者带头以学生身份“下水作文”，如创作了发表在《澄海报》《汕头特区晚报》的散文《又见街头樱花开》《感受大海》《张家界，我的咖啡之旅》、诗歌《孔雀的遗言》等。在作文辅导课上，笔者把这些作品印发给学生，让学生分享老师成功的喜悦，让学生从中观察感受老师积累生活、创造性的思考，及运用多种表达方式，吸收名著诗词或创造性的语言措辞状况。通过这些“砖”，从学生头脑中引出“玉”似的姿态纷呈的实践作文来，同时让学生习得老师对语文学习的执着追求，积极向上的人生态度。这过程中随时注入“激活”成分，激活学生“说真话、诉真情”，写出血肉与骨架相连的习作。再分组进行交流，教师在全班择“优秀习作”点评，激活学生倾慕的目光和激情。在笔者的带动下，好多学生从怕作文到爱作文，他们喜欢写作，喜欢投稿。在区、镇、校级的作文比赛中，有谢雯、蔡少玲等一批优秀学生获奖；在《中学生报》《语文报》上，有郑晓菲、杨依等学生的作文发表。较差的学生的习作经过老师的指导修改，也能发表在班刊、班报上。这样，逐步让好中差不同等次的学生都能品尝到实践作文成功的乐趣。

综上所述，在作文教学中，让学生通过真实生活，体验情感；通过有效阅读，体验迁移；通过定向思维，体验创新；通过流畅表达，体验交流；通过具体实践，体验成功；开发学生作文的个性潜能，让学生品尝到自我成功实现的乐趣。这正如在夏日让学生畅饮一杯“冰红茶”，让“清凉心上流”！

（本文获得2006年澄海区教学论文评比一等奖，发表在成都大学主办的2011年第6期《文科爱好者》ISSN 1671-1270）

# “读”你千遍也不厌倦

## 一、问题的提出

曾几何时，埋头在高三题海的教学中的我，除了课前偶尔听到学生有气无力的几声古诗文的背诵外，我觉得我几乎忘记“读”为何物。直到几个月前，学校请来已退休的黄赐义主任为我们课题组开讲座，他在讲到以“读”作为研究专题时，即兴高声朗诵《六国论》，那抑扬顿挫的声调，那神采飞扬的魅力，一下子深深震撼了我。正如黄主任所说，实际上“读”可以解决很多问题，比如断句、对句意的理解、对中心的把握、对情感的熏陶等。但我们往往已经忽略了“读”的存在。或者只是为了考试的死记硬背。这个月，我有幸参加了2012年高考语文的评卷工作。在6月20号的总结大会上，《语文月刊》主编陈建伟教授在谈到作文如何做才有文采时，他强调要重视“语言”的训练，并提了一个要求：多朗读优美语言的文章，可以让学生学到丰富的词语、句式的变换、修辞的手法。联系这两位专家的话，我的心更坚定一直在努力的方向。我觉得有必要来重新审视当前的语文教学。现阶段的中学语文教学，确实存在一种不容忽视的现象：很多人，包括学生和教师，对“读”这一教学的基本环节未能引起足够的重视。我们总是以为，中学阶段的主要任务是能力的培养，“读”是小学生的事情。这一错误认识，往往造成实际教学上的“读”和“写”相脱节，最终导致教学效率不高的后果。

二、问题的分析

其实，“读”和“写”是语文教学中的两个重要组成部分，它们虽然有相对独立的任务，“读”侧重于基础知识的积累，“写”侧重于能力的培养。但人们往往对“读”与“写”的内在联系缺乏必要的分析，因而容易造成某些认识上的偏差。“能力的培养是中学阶段的主要任务”这种说法本身并没有错。只是不能因此而淡化“读”这一环节的功用。能力的获得不可能从天而降，它必须通过诸如“读”等一系列基本技能的训练，在牢固掌握基础知识的前提下获得的。很难想象，一个基础知识不扎实的人会有很强的能力。而从广义上讲，“读”，可以指整个阅读的范畴，它包括对语言、文字、修辞、逻辑以及文学常识等语文知识的学习和掌握。在此，我只想从一个较小的角度出发，结合自己在教学实践中的点滴体会，谈谈自己的认识。众所周知，语文是语言的学科，语言是有声的艺术，要学好它，首先必须在“读”字下功夫——精读、熟读以至诵读。古人读文章，多是放声朗读，一定要把文章读得熟如烂泥。古人强调“读”这种方法应该对我们有所启发。古人还说“读书百遍，其义自见”，“熟读唐诗三百首，不会作诗也会吟”。这些充分地道出“读”的重要性。宋代学者朱熹曾说，读书之法，在“循序而渐进，熟读而精思”，“大抵观书先熟读，使其言皆若出于吾之口，继以精思，使其意皆若出于吾之心”。诵读是语文教学中基本训练的项目之一，朗读的教学法也是常见而又必不可少的教学方法之一。教师是主导，学生是主体，而“读”往往可以使他们联结起来，起桥梁的作用。现行的语文教材，很多是文质兼美的文章典范，教师要意识到“读”的重要，并启发学生进行熟读精思，既加深学生对文章的理解，也能使学生从那些范文中习得语言技巧，并潜移默化地转为表达能力，即说话的表达能力和写作中的立意、构思、选材组材、谋篇布局、遣词造句等能力。可见，在语文教学中，充分运用“读”，其作用是全方位的。

三、问题的解决

在明白“读”在语文教学中的重要性后，我们还面临着一个重要的问题：如何“读”？我在这里谈几点做法：

1.在“读”中养成良好的语言习惯，提高口头的表达能力

在教学生理解文意之前，教师要先对学生进行朗读指导。锻炼学生朗读时发音准确，口齿清楚，句读分明，语气连贯，态度大方，并注意句子中的节

奏、停顿、重音、声调等，养成良好的语言习惯，提高口头的表达能力。特别是我们这些生活在潮汕方言地区的学生，由于受方言的影响，平时耳濡目染都是方言，较少进行说话训练，因而说话时语感差，吞吞吐吐，词不达意的现象很普遍。我的做法是对其进行朗读指导，并通过课堂提问、课前五分钟演讲、报道新闻等途径让这些学生多开金口。我还让学生清楚地明白：口头表达能力差将直接影响到书面的表达，只有多“读”好文章，自己写起文章来才能规范化，语意才不会晦涩难懂。所以，在教授新课或者在做试卷中的阅读题时，我经常挤出一点时间，带着全班同学大声朗读这些文章，以使他们形成良好的语感。一段时间训练下来，我发现我们这些农村中学的学生，在课堂上已经学会较为流畅的表达，特别是看到他们轮流走上讲台，自信地演讲自己写的文章时，我的心里充满了喜悦。

2.在“读”中辨别词句的感情色彩，提高驾驭语言的能力

在指导学生能够流畅地朗读后，教师还要指导学生更好地辨别词和句的感情色彩，从而加深理解它们的意义和表达作用，增加语言材料的储备，最终提高驾驭语言的能力。教材中，尤其是那些写景抒情、托物言志的散文，作者往往在遣词造句，语音表达等方面倾注心血，所以更值得一“读”，读出它的韵味。如我在教授朱自清的《荷塘月色》时，我重点引导学生去朗读品味散文优美传神的语言。比如作者着力写荷塘，先写“田田”的荷叶，后写绿叶中缀开着的荷花和花苞，以及微风吹来的花香。这是静的画面。紧接着他就捕捉那微风过处叶动花颤的情状，“像闪电般，霎时传过荷塘的那边去了。叶子本是肩并肩密密地挨着，这便宛然有了一道凝碧的波痕”。这是动的画面。廖廖几笔，动静结合，形象地传达出了荷塘富有生气的风姿。在这一段里，作者没有提及月光，但不管是静止画面还是动态景象，处处都存在着淡淡的月光，这月色就融入在作者通过观察之后的具体语言描写之中。真是一字一句绝妙，句句关情啊。而这情感，就隐藏在这些优美的语句中。我让学生反复朗读，字字斟酌，细细玩味，以求“读”出荷塘的味道，“读”出散文大师匠心独运的语言精华。

3.在“读”中体会文章中心，了解篇章结构

教师还要引导学生去体会文中的重点和中心所在，深入了解课文的篇章结构和条理线索，以加强理解和记忆。尤其是对一些议论文，更能体现这方面

的优势。如我在教授俞可平的《民主是个好东西》这篇议论文时，学生初看文章都觉得很难理解。我的做法是引导学生寻找能表达文段中心的关键句，有针对性地反复朗读这些关键句，并把这些关键句联系起来一起理解，弄清作者的论证思路。学生经过我的指导，通过朗读，厘清了文章的两个层次：（1）民主为什么是好东西。（2）怎么推行民主。可见，再难再长的文章，只有通过反复朗读，才能准确把握它的结构，更好地把握论证的中心。另外，我还引导学生重点朗读理解各文段中起修饰作用的关键词，让学生感受议论文语言的严谨性和准确性。

4.在“读”中感受艺术意境，培养文学鉴赏能力

教师还要想方设法引领学生去感受艺术的意境，培养想象力和文学鉴赏能力，并从中受到德育和美育。在这里，我要特别提提诗歌。不管是新诗还是旧体诗，都很讲究节奏韵律和音乐性，运用精练的语言去塑造鲜明的艺术形象，所以更须反复朗读，才能体察诗人的思想感情，感受其中的艺术美。如我在教授毛泽东的词《水调歌头·游泳》时，重点引导学生把握住这首词的语言特点：节奏鲜明，感情奔放，悦耳动听。我引导学生激情满怀地反复朗读，务必“读”出伟大的领袖青年时代奋勇进取、劈波斩浪、意气风发的情怀。再比如我在教授徐志摩的《再别康桥》时，诗人一开头用三个“轻轻的”，写出了作别母校的离别情绪，给人一种宁静的氛围，同时也把自己对康桥的缠绵之情淋漓尽致地表现了出来。在诗人的心中康桥已经被理想化、诗化了，诗人对那里的一草一木，无不饱含着深情厚意。西天的云彩，河畔的金柳，软泥上的青荇，榆荫下的清泉，星光斑斓的夜色，沉默的夏虫，无不构成了一个优美的意境。这些优美的意境，只可意会不可言传。我让学生反复朗读吟诵，并发挥丰富的想象力，才能身临其境，更好地体会多情才子内心那不断起伏的情感波澜，培养学生的文学鉴赏能力。

5.在“读”中品味语言描写，读出人物的性格

对一些人物对话较突出的文体，如剧本、小说、寓言等，更可以用“读”去启发学生多方鉴赏，读出人物的性格，更好地把握人物形象。如我在教授曹禺的《雷雨》时，我让学生分角色朗读，有的扮演周朴园，有的扮演鲁侍萍，有的扮演繁漪。我让学生要揣摩人物的心理，尽量读出人物的语气，读出人物细微的心理变化，读出人物复杂的性格，以便他们更好地理解作品中

错综复杂的人物关系，把握住小说的主题。再如我在教授巴尔扎克的《守财奴》时，文中作者用大量的语言描写刻画了葛朗台这一人物形象。我让学生重点关注人物语言的个性化，“读”出像“噢、啊、咄、嗳、哎、喂、嗨、哦”等叹词所要准确表达的语气，这样，在朗读中，帮助学生在脑海中形成一个虚伪、凶狠、爱财如命、贪婪成癖的守财奴形象。

6.在“读”中熟读成诵，提升语文素养

《高中语文课程标准》明确：背诵优秀诗文60篇。这是对高中阶段学生“读”的最基本要求。朗读的最高境界是熟读成诵，它是用反复朗读的方式达到准确记忆文章材料的一种阅读方法，是朗读的强化和延伸。《高中语文课程标准》这样要求的目的其实很简单，就是希望学生通过背诵，把文章中那些优美词语、精彩语段、经典篇章纳入知识储备，经过溶解消化，使之积淀为自己的语文素养，从而提升自己的文化品位，完善自己的语言的结构，提高自己的表达能力。但我们很多学生对那些篇幅长的文章很头疼。对于像《逍遥游》《送东阳马生序》这些很长的文章，我的做法是：让学生抓住内容层次分段背诵。因为很多经典文章都层次分明，条理清晰，只要能分段记忆，将有助于学生的理解和背诵。另外，还有一个最令我们语文教师头疼的问题，那就是学生对要求背诵的篇目背得滚瓜烂熟，但考试起来错别字连连，失分严重。究其原因，还是在于学生只会死记硬背，而没有很好地理解诗文的意思，才会错漏百出。我的做法是有针对性地讲解经常出错的个别字词，要求学生多“读”多“写”，甚至用潮汕话朗读，以达到熟记成诵并了然在“胸”，为“我”所用，在日积月累中提升语文素养。

7.在“读”中“以读促写”，提高作文表达能力

到了高三第二学期，许多语文老师会感觉到学生作文能力已经有了明显提高。但是，那个困扰我们已久的难题依然摆在我们的面前：学生不是不会选材立意、安排结构，而是错别字病句严重，表达晦涩难懂，极不流畅。即使在作文中，他们立意准确、选材得当、结构合理，但那些错别字病句还是会像拦路虎“挡”住我们的视线，影响了文章的整体美感。为此，我在“读”上下功夫，“以读促写”，提高学生作文表达能力。我在每天课前有目的地搜罗一些优美的散文、议论文、记叙文，引导学生高声朗读，养成良好的语感，以达到耳濡目染的效果；在每次作文讲评课上，我总是邀请那些

文章写得明白流畅、语言优美的学生，走上讲台，向全班同学大声朗读他们的文章，带领大家共同欣赏享受；有时也会有针对性找一些表达极不通顺流畅的文章，让学生朗读，并在“读”中发现问题，进行修改，以达到“文从字顺”的效果。经过一段时间的训练。我发现学生作文中语言表达能力有了很大的提高，错别字和病句明显减少，语句比较优美流畅。加上之前一直重视立意、选材、结构的指导，在“汕头二模”的考试中，我们这些农村中学的学生作文平均分达到40分以上，在2018年高考中总平均分87.4分，接近全省平均分，这是令人欣慰的。

总之，感谢两位专家，他们的金玉良言为我们的茫茫教学路上再次亮起明灯，让我们明白了“读”和“写”同等重要，“读”能使教和学双方得益。我们总是把写的能力不高归咎于“写”的方面训练不足，这当然是一个重要的原因，但我想：是否应该先从“读”这方面来究其原因。我们对“读”重视吗？我们应该如何引导学生去“读”？——正如一句歌词所说“读你千遍也不厌倦”。再爱“读”一次吧，让我们的学生在琅琅读书声中，培养良好的语感，掌握不同文体的阅读方法，把方块的汉字变成“3D”的立体画面；让我们乘着“读书声”的翅膀，去真正领略汉字的无穷魅力！

（本文获得2013年汕头市教育学会论文评比一等奖，发表在2018年11月《师道》ISSN1672-2655）

# 路漫漫其修远兮

## ——"语文高效课堂教学模式研究"结题报告

**一、课题概貌**

（一）课题提出的背景

随着新课改的不断深入，高中语文教学发生了一系列喜人的变化，取得了不少令人鼓舞的成绩；但同时也出现一些值得关注的现象和急待解决的问题。主要包括：

1.“旧瓶装新酒”。

2. 低效无效。

（二）本课题在国内研究的现状和发展趋势

1. 不少先进地区学校在学习先进模式的基础上，在教学模式创建理论指导下开展教学有效模式的构建。

2. 模式多，但操作性差。

3. 只有母式没有子式的居多，抑制了教师个性的发挥。

4. 预计在高中语文课堂高效教学行为及阅读写作教学研究方面会有所突破。

（三）课题研究的理论依据

1. 模式多建构理论

所谓模式（Model）是指某种事物的标准形式，即使人照着去做的标准样式。

2.“高效课堂”教学理论

“高效课堂”是指在常态的课堂教学中，通过教师的引领和学生积极主动的学习思维过程，在单位时间内高效率、高质量地完成教学任务，促进学生获得高效发展。

（四）课题研究的主要目标

通过课题研究探索和构建“高效课堂”阅读写作教学的教学模式，并运用行动研究方法边研究边实践，全面提高东里中学常态课的“高效”程度，为学校的可持续发展提供优良的质量保证。

（五）课题研究的内容

1. 研究“高效课堂”教学模式的基本理论；

2. 研究阅读与写作的高效教学模式的教学案例；

3. 研究构建多种文本（含散文小说诗歌文言文+作文）“高效课堂”教学的高效教学模式。

**二、研究过程与操作特点**

（一）以文献研究为基础，重视理论的建构，努力提升理论水平和科研能力。

（二）以行动研究为核心，完善研究的进程，努力提高研究的科学性和实效性。

（三）以个案研究为途径，重视研究资料的积累分析，努力提高研究的可信度和有效度。

**三、研究成果及评价**

本题于2014年10月底完成全部研究任务，取得比较丰硕的研究成果，现归纳如下。

（一）主要理论成果

1.归纳出适合文体特征和具有实用性的教学模式理论

建模目的：明确建立该教学模式所要达到的教学目的。

表述特征：通过研究分析，概括该教学模式的基本特征和过程（程序）。

抓关键词：进行语义比较，找出表述该教学模式的关键词，给模式命名。

实施要领：在教学中实施该教学模式要注意的问题及实施过程。

建立子模式群：在教学实践中，因不同实际情况，进行变换调整，从而形成系列的子模式群。

2.归纳出语文“高效教学模式”的基本要求

我们课题组重视“读”这一教学的基本环节并围绕“读”开展五个子课题

的研究，以期探索出一套“高效”的教学模式。经过三年的实践研究，我们主要以“读”为主线，重视循序渐进培养学生“阅读—鉴赏—表达”的能力。具体包括：

（1）在“读”中辨别词句的感情色彩，提高驾驭语言的能力。

（2）在“读”中体会文章中心，了解篇章结构。

（3）在“读”中感受艺术意境，培养文学鉴赏能力。

（4）在“读”中品味语言描写，读出人物的性格。

（5）在“读”中养成良好的语言习惯，提高口头的表达能力。

（6）在“读”中“以读促写”，提高作文表达能力。

（二）主要实践成果。

1. 探索出一套“高效课堂教学模式”

（1）散文“读品悟”三步法教学模式

建模目的：通过本模式教学，使散文教学突出“读品悟”的特点。

模式特征：“读品悟”是本模式的基本特征。“读品悟”即“阅读—品味—感悟”。“阅读”主要以全文朗读为主，通过二至三次有针对性的朗读，在读顺语句的基本上通领文章的大意。

“品味”阶段重在指导学生在重点语段和语句上反复诵读，品味这些语段和语句的精妙之处，并初步体味作者的感情。“感悟”阶段侧重学生的自主品读，在品味语言的基础上进一步感悟作者的写作意图以及深藏在文字背后的思想感情。

实施要领：

①“三段”教学法：把散文教学分成三个阶段，每个阶段以“读”贯穿其中，以读带动品味和感悟。

②要严格将朗读教学和散文文意理解、散文语言品味、散文思想内涵感悟整合在一起。

③强调以读带悟为主教法，注重在“阅读—品味—感悟”各个环节都能发挥学生自主、探究、合作学习的作用。

模式子群：

①“读故事，品内涵，悟哲理”模式，主要适用于以写人记事为主的叙事散文。

②“读山水，品意境，悟人文”模式，主要适用于以描写景物为主的写景散文。

③“读情境，品情感，悟意蕴”模式，主要适用于以抒发作者情感为主的抒情散文。

④“读话题，品幽默，悟事理”模式，主要适用于以阐事释理为主的议论性散文。

（2）小说“粗读细读研读”的三步法教学模式

建模目的：力求通过本模式教学，以“读”为主线，使教学内容处理和教学程序安排紧扣小说的文体特征。

模式特征：“三读”为本模式的基本特征。“三读”即“粗读—细读—研读”。“粗读”阶段重在指导学生快速了解小说的人物、故事梗概，整体感知，初步掌握文意。“细读”阶段重在指导学生结合小说的三要素：人物、情节、环境，对文本进行进一步的把握、理解。“研读”阶段侧重于对文本进行探究性解读，在读中探究文本的主题、写作技巧、品味语言特色，对文本进行个性化创造。

实施要领：

①“三读”不是读三次，而是分三个层次。

②实现一课一得，达到高效学习目的。

③本模式以发现式教学为主要方式。

模式子群：

①粗读整体感知，概括小说的情节；细读细节，鉴赏人物的形象；研读品味语言，挖掘探究主题。

②粗读整体感知，概括小说的情节；细读景物，赏析环境；研读语言，探究技巧。

③粗读，说一说，复述故事；细读，想一想，捕捉微妙的细节；研读，写一写，根据主题，进行合理续写。

（3）文言文“诵读感知—译读疏通—品读探究—再读拓展”的四步法教学模式

建模目的：本模式教学，重在使文言文教学突出以“读”为中心，从整体到细节，从“言”到“文”，从文本到生活的特点。

模式特征："感知—疏通—探究—拓展"为本模式的基本特征，具体为"诵读感知—译读疏通—品读探究—再读拓展"。"诵读感知"阶段重在让学生在听读、朗读的过程中初步感知文本的结构及大意。"译读疏通"阶段重在指导学生借助注释疏通文句，理解词句表层意义，进一步把握文意。"品读探究"阶段重在品赏作品的艺术技巧，探究文章的思想内涵。"再读拓展"阶段重在让学生整合知识，迁移知识，联系现实，感悟生活。

实施要领：

①本模式提倡带着问题诵读，在诵读中整体感知。

②充分调动学生的知识积累和生活经验，让学生解读文本及感悟文本。

③要引导学生真正亲近文本，注重学生自主探究过程的参与性。

模式子群：

①"感知作者情感—疏通文意—探究情感意蕴—拓展补充"模式，适用于叙事抒情类文言文。

②"感知物人形象—疏通文意—探究写作技巧—拓展补充"模式，适用于写景写人类文言文。

③"感知文章思路—疏通文意—探究现实意义—拓展补充"模式，适用于议论类文言文。

④本模式适用于文言文教学，也适用于古诗词教学。

（4）诗歌"导入初读品味悟情"四步法教学模式

建模目的：通过本模式教学，以"读"为主线，使诗歌教学突出诵读理解品悟层层深入的特点。

模式特征："导入、初读、品味、悟情"为本模式的基本特征。"导入"阶段重在激发学生兴趣，并体现"温故知新"的教学理念。"初读"阶段通过教师范读和学生自主诵读来读顺诗歌，抓住题目及体现情感的重点字词了解诗歌的内容题材，明确诗歌的感情基调。"品味"则通过咀嚼名句，体味诗歌炼字炼句功夫，了解作品运用的艺术技巧。"悟情"在读懂诗歌的基础上，进一步结合诗歌的特点及作者个人的遭遇和经历，挖掘感悟作者的深刻情志。

实施要领：

①诗歌的"读"，不单要求读顺，还得读出感情；不单要求读懂，更要熟

读成诵。

②读懂诗歌的关键是根据意象意境来品味悟情，所以要注重积累古典诗歌中常见意象并把握其内涵。

③要注重历史典故的了解和积累。

模式子群：

①歌曲导入—题材初读—名句品味—意象悟情。

②背景导入—情感初读—形象品味—意境悟情。

③相关作品导入—风格初读—对比品味—以情悟情。

（5）作文“读悟写”三步法教学模式

建模目的：力求通过本模式的教学，以“读”为中心，使教学内容处理和教学程序安排紧扣大纲对作文的要求，实现高效作文的课堂教学目的。

模式特征：模式关键词：阅读，感悟，写作，共6字。其中每2字为一个层次，分别揭示该层次的学法和将达到的目标，改变以往作文指导课只是单纯讲授一般写作方法的现状。“读悟写”三步法既是作文的核心内容，学习目标，也是课堂施教的运作程序，旨在通过阅读能力的迁移训练，加强学生的写作能力。

实施要领：

①必须严格按照“读悟写”三步法顺序组织教学。

②“读”是铺垫阶段，“悟”是关键阶段，“写”才是最后的教学效果的体现。

③要特别注意教师在对话中的引导作用，使教学主题明确深刻。

模式子群：

①“读结构，悟谋篇”模式，适用于以议论文为写作重点的作文。

②“读材料，悟构思”模式，适用于以记叙文为写作重点的作文。

③“读词句，悟语言”模式，适用于以议论文为写作重点的作文。

④“读主旨，悟立意”模式，适用于以散文为写作重点的作文。

2.“高效”教学模式效果例证

在实验班中试行了“高效”的教学模式后，通过对学生的问卷调查结果和学生考试成绩的慢慢提高，我们欣喜地看到，这套“高效”的教学模式的效果是明显的。以作文的“读悟写”三步法教学模式为例，我们在本校高三

（4）班开展了实验并在一段时期后进行了一次问卷调查活动（调查问卷另附）。我们发现：75%的学生对作文有兴趣，89%的学生认为现在的高效作文教学模式有助于作文成绩的提高，65%的学生认为新方法对他们的作文成绩能提高5分以上，81%的学生认为现在的课堂上师生互动情况良好，63%的学生认为自己的独立学习能力有一定的提高，71%的学生认为自己的听说读写能力有明显的提高，这一切都说明“读—悟—写”的高效作文教学模式在实际操作中取得了一定的成效。具体表格略。

3.撰写出一批“高效教学模式”论文、教学设计

随着课题研究的深入实施，课题组老师转变了学习理念，课堂实践能力得到了进一步发展，课题组成员勤于总结，不断反思，撰写了一批有质量的论文教案并多次在省、市、区的各项比赛中获奖。其中论文18篇，反思2篇，教学、设计22个，课件12个。成果颇丰，有一定的研究参考价值。

4. 学生提高了学习能力，转变了学习方式。

**四、反思与建议**

1. 如何建立课题研究的长效机制是我们今后努力的方向。

2. 如何做好课题成果的推广工作，使这一研究成果成为本校校本课程的一大特色，将成为我们今后一段时间的研究重点。

3. 如何重新审视工作的科学性和实效性，以教科研的理论提升自身的素质，也是我们今后应该努力的方向。

参考文献：
查有梁.教育建模.广西教育出版社
中学语文教学.语文教学通讯.等
黄赐义.中小学教育科研导引.天马出版社

（本文于2016年获汕头市教学论文评比二等奖）

# 弹起我心爱的作文三步曲“读、悟、写”

**一、问题的提出**

王国维在《人间词话》中关于古今之成就大事业大学问者，必经过的第三种境界“众里寻她千百度，蓦然回首，那人却在灯火阑珊处”，用来形容作文，我想是最恰当不过。为了提高学生的作文能力，我们的语文老师真算是用尽浑身解数，可惜收效甚微。究其原因，我认为我们往往只重视在课堂上单纯对学生进行写作方法的指导，而忽略了“读”这一重要环节。这一年来，参加汕头市级课题“语文高效课堂教学模式研究”，在不断的探索实践中，对于作文这一板块的教学，我主要尝试采用“读、悟、写”三步教学法，即“在阅读中感悟，在感悟中写作”。这一教法突显了“读”的环节在作文中的地位，让学生从阅读中激活思维，激发写作兴趣与欲望，在阅读的过程中感悟写作。经过一年来的付出与努力，逐渐提高了学生的写作能力，收到不错的效果。

**二、理论的依据**

语文课程标准的课程目标中关于写作的教学建议指出：“写作教学应贴近学生实际，让学生易于动笔，乐于表达。应引导学生关注现实，热爱生活，表达真情实感。”因此，我们在作文的教学中，实际是重视了“读与写的迁移”。

1.“读、悟、写”存在“联系点”。高中作文高效教学的每一堂课，应该有明确的训练目标，这种目标是以读写结合为生长点，以读写互动为衔接点的。它是师生双边活动的定向，是扎实、快速、高效地提高语文教学质量的关键。阅读和写作虽是两种不同类型的学习，阅读对作文的影响具有迁移性的特点。叶老在议论读与写的关系时，曾提出阅读和写作是彼此相联系的两回事，指出它们之间其实存在着共同的“联系点”。即：“学校训练学生作文，目的在使他们学会写文章的本领，这种本领一辈子需要，做任何工作都需要。要使他们学会这种本领，就得引导他们在构思、选材、谋篇、分段、造句、用词等方面下功夫，不断地练习，养成良好的习惯，无论写什么都能表达得准确清楚。阅读教学训练学生读书，本来要引导他们留意这些方面，写作教学的指导和批改也离不开这些方面。”这段话明确提出无论阅读和作文都要抓住“构思、选材、谋篇、分段、造句、用词”几个方面，这就是读与写的“联系点”。这些“联系点”体现了读、写能力相对应的关系，即读、写间的共同因素，所以读和写是可以相互迁移的。

2. “读、悟、写”的心理过程符合客观规律。阅读和写作是两个不同的心理过程。阅读是自外而内的意义吸收，写作是自内而外的思想表达，但这两个心理过程之间又是可以互相沟通的。阅读是一种双向的心理过程。首先是从语言文字到思想内容。读一篇文章，先要感知，从字词到句子，从句子到段落，从段落到全篇，逐步读懂。这是由文字到思想，由形式到内容，由部分到整体，由现象到本质的心理过程。这个过程侧重于读后的感悟理解。阅读还有一个与上述逆向的心理过程，即从思想内容到语言文字的分析过程。这个过程侧重于运用。它从已经探索到的中心思想出发，研究作者怎样围绕中心选择材料，怎样剪裁取舍谋篇布局，怎样根据中心的需要记叙描述，怎样准确地遣词造句等。这个分析过程与理解过程正好反向，是从思想到文字，从内容到形式，从整体到局部，从本质到现象的过程。而这个过程恰好与写作的心理过程相吻合。从这个意义上说，阅读教学本身已包含了作文教学的指导，读写结合是自然形成的客观规律。

3. “读、悟、写”体现学生的主体地位。学生是具有主观能动性的实践者和认识者，“读、悟、写”的研究过程最终是以学生的实践和认识为归宿的。这一过程就是引导学生自己发现解决问题的途径和方法，让学生在阅读中感悟，运用已知的知识去自主探究未知，最终进行写作的过程。因此，在实践中，教师能充分尊重和发挥学生的主体地位，让他们在教师的预设下自主选择学习的目标、内容、方式等，而不是代替学生选择。这也是“读、悟、写”区别于其他各种作文教学模式的最显著、最根本的特征。

**三、具体的做法**

基于上述的理论依据，在具体是教学实践中，我们主要从四个方面进行努力，下面谈谈具体的做法：

1.读主旨，悟立意，写文章。

语文课是人文性和工具性的结合，每篇文章都存在各自的思想感情因素，抓住这些因素创设练笔的情境进行训练，让学生通过“读懂感情、感悟主旨、进行写作”，可以增强学生的感受和体验，激发写作兴趣和爱好。在阅读中，每个人都可能会被人物高尚的精神所感动，可能会被文中真切的情感所感动，可能会被蕴含的深刻哲理所感动。如读苏轼的《赤壁赋》，我们会为苏轼旷达乐观的精神所打动；读柳永的《雨霖铃》，我们会为他那离别的伤感而悲愁不已；读荀子的《劝学》，我们会从作者深刻思想中得到启迪。在这些的感悟下，我会鼓励学生将自己所思所想写下来。

①写读后感。读后感就是读了一本书，一篇文章，一段话，或几句名言后，把具体感受和得到的启示写成文章，读后感也可以叫作读书笔记，是一种常用的应用文体，也是应用写作研究的文体之一。如读了小说《阿Q正传》，我就让学生写《这个时代还需要阿Q精神吗》的读后感；读了戏剧《等待散场》，我就让学生写《我心目中的爱情》的读后感；等等。

②写鉴赏文。在阅读过程中，我们对于文中主旨有时会有特别深的感受，要一吐为快，我就会鼓励学生尝试写鉴赏文。通过鉴赏可以加深学生对文章的理解，又可以内化出一种透视宏观、感悟玄机的能力，即鉴赏能力。这种鉴赏能力既是一种阅读能力，又是一种写作能力，更是一种重要的人文素养。 如读了杜甫的《登高》，有的学生写了《百年的孤独》的鉴赏文；读《鸿门宴》后，有的学生写了《项羽是真英雄还是假英雄？》；读史铁生的《我与地坛》后，有的同学写了《寻找人生的彼岸》；等等。这样，通过对文章的鉴赏、评价，培养了自己的写作能力，又提高了自己的人文素养。

③进行改写。包括改变体裁、改变人称、改变表达方式等写作练习。改写首先要求学生对原文的主旨有着透彻的理解，在此基础上鼓励他们展开丰富的想象力，合理地联想，写出在意料之外又在情理之中的文章。比如《项链》一

文结尾时，很多学生对玛蒂尔德的悲剧唏嘘不已，我引导学生对结尾进行改写。同时，提示学生除直接描写神态心理外，还可以用景物描写衬托其心理。

④进行续写。在阅读中，往往有具体的场合、景象和境地，通过教学营造了情感的氛围，使学生在深刻理解了主旨后，如置身其中，会产生相应的体验，情动而辞发，激发了写作动机和兴趣，学生在读完文章后会觉得意犹未尽，跃跃欲试。这时从故事的结局入手，依据原文，进行创造性的续写，对于发展学生的创造性、合理性思维，培养写作兴趣，提高写作水平都有很大的帮助。比如教学《等待散场》一文，文章的结尾戛然而止，给我们留下了无穷的暇想。男女主人公的命运究竟如何？学生的心中一定有千言万语想要诉说。于是，我让他们打开想象的翅膀进行续写，刚好给了他们倾诉的机会，学生的创作欲望也非常高涨。

2. 读结构，悟谋篇，写文章。

现实生活中许多技能和本领的获得都离不开模仿，书法家练书法最初是从描红和临摹开始的，写作也一样可以从模仿中进步。鲁迅写《狂人日记》就是在模仿果戈里的同名小说的基础上创造出来的，林语堂的《京华烟云》就是受到曹雪芹的《红楼梦》的启发写成的。同样，学生模仿范文写作的过程就是受原型启发的过程。在阅读教学中，范文能示范性地把文章的谋篇布局、结构格式的方法直观地呈现在学生面前，形象地告诉学生怎样习作。学生从范文中不但可以学习到语言和表达方式，还可以学到范文中观察事物、分析问题的方法和规律，而这些知识要是在作文课中直接讲解，易引起学生的厌倦，而通过学习范文，学生能自然领悟写作手法，此时作文，等于引导学生运用这些手法，趁热打铁，减少了作文的困难度。值得一提的是，指导学生对范文进行仿写应该循序渐进，可以先从句段开始，再到篇章等。当然模仿绝不是被动地照搬，更不是因循抄袭，而是在领略范文佳作的写作技巧结构模式中，得到触类旁通的启示，从而写出富有个性的作品。

①从线索思路入手，模仿谋篇布局。比如读了《荷塘月色》，我指导学生可仿写其以行踪为线索串联事件表达情感的写作方法；读了《城里人和乡下人》，我指导学生可仿写其以矛盾冲突为线索贯串全文；如读了《新闻两篇》，我指导学生可模仿议论文“提出问题，分析问题，解决问题”的论证思路，引导学生关注社会生活，收集资料，写《我们社区的新闻》；如读了

阿城的《溜索》，我指导学生可以模仿作者“场景＋议论”层层推进的写作构思，写《感动我的那些事》等等。

②从段落结构入手，模仿结构格式。总分式的段落结构，清楚的写作顺序都可成为仿写的对象。如我在教授俞可平的《民主是个好东西》这篇议论文时，学生初看文章都觉得很难理解。我的做法是引导学生寻找能表达文段中心的关键句，有针对性地反复朗读这些关键句，并把这些关键句联系起来一起理解，弄清作者的论证思路。学生经过我的指导，通过朗读，厘清了文章的两个层次：①民主为什么是好东西。②怎么推行民主。另外，我还引导学生理解议论文这种典型的总分式结构。即先总的介绍，再分别具体论证的段落。总分方式结构段的写法，其规律是：①总起句位于句首，是全段的中心句；②分述句之间的关系大都是并列的或连贯的。这种结构格式对于学写议论文的学生来说，有很强的示范性。于是教学到这，我让学生们在反复朗读关键句的基础上，自由谈谈读了这一文章的感受：“思路清楚，条理明确。”“让人一目了然。”……于是我趁热打铁：现在我想请你们也来试试，写一篇议论文《人的底线》，请先用概括的语言提出论点，再试着从“是什么，为什么，怎么做”三个层次进行论证。实践证明，大多数学生都掌握了议论文的结构思路。

但应指出的是，不是每一篇课文都可以作为仿写训练的材料，而是需要精心地选择那些具有明显特征的范文，进行仿写练习。换句话说，要精心指导学生学习、分析范文，找准和把握仿写之“点”。这仿写之“点”，就是范文中将被模仿的地方。因为一篇文章或一段话，可仿之“点”很多，需要研究的问题也很多。哪些该仿，哪些不该仿，模仿哪些“特点”，怎样模仿等，都需要教师细细指点。例如有些课文中的片段，或是属总起分述段，或是属分述总结段，或是空间叙述请楚，或是细节描写形象……像这样在写法上独具特点的片段，就可以作为读写结合的“点”进行仿写。仿写时，同时告诉学生这种片段在写法上的规律，使学生有规可循，有法可借，有例可仿。

3. 读词句，悟语言，写文章。

我们在阅读教学中，往往会对课文中的重点词、句进行精心品味，这种品味不仅要让学生读通读透，更应指导学生在读的基础上，悟出写法，领会意图，进而学会运用。可以借鉴文章的材料、词句，文章的材料使学生举一反三，文章的词句准确、新鲜，通过读写结合，解决了学生无米之炊的问题，作文就容易了。从教科书所选文章来看，均是文质兼美的。因而，我仍以课堂为主渠道，加强课堂教学，从品味和推敲词句入手，逐渐引导学生，体会作者用语的准确生动，为自己的作文增添文采。

①品味描写生动的词句。描写生动的词不仅仅让我们能感受到文章的优美，而且可以感受到作者情感跳动的脉搏。我的做法是先指导学生情感朗读，继而指导他们将生动词句换成平实词句，然后比较朗读，体会描写生动句子的好处，然后在作文中用同样描写生动的词句，去具体表现事物的特征。

②品味寓意深刻的词句。在阅读中，我们常会碰到一些有内涵的词句，如富有哲理的、寓意深刻的、托物言志的。这时，我重在引导学生去感悟领会，而不是一味地灌输。这样的词句必须回归原文的语境，找出与之相关联的上下文并结合学生的实际经验，才能深刻领悟。然后，我再指导学生进行仿写，或指导他们在作文中，也要用这些内涵深刻的句子去画龙点睛，深化主旨。

③品味修辞手法的词句。汉语非常精练并蕴含着丰富的内涵，善于运用各种修辞手法准确地表情达意。学生如果能够掌握多种多样的修辞表达技巧，会让作文增色不少。于是，我有意识地加强学生运用修辞手法的能力。比如，读余光中的《乡愁》，我提醒学生掌握比喻修辞的运用，然后要求他们运用比喻修辞写作另一种内心情感。再如记叙文，描写手法很多，有人物描写、景物描写；正面描写，侧面描写等等。学生如果能使用到位，就能让事物形象更加丰满。曹雪芹《林黛玉进贾府》中表现林黛玉的小心翼翼、多愁善感就运用了多种描写手法，在学完后我设置了一个有奖的片段作文《我最熟悉的同学》，要求以熟悉的同学为描写对象，不点出姓名与职务，然后全班分享传阅，如果其他同学能够从作文中猜出被描写学生的姓名，那么作者有奖，结果有超过一半的同学获奖。

4. 读材料，悟构思，写文章。

采得百花酿成蜜，要写作不可能不读书。教师在教学中还要有意识地引导学生学习作者选择了哪些事例，选择这些事例对表现文章有什么好处，学习作者的构思技巧，吸收写作营养。

①围绕观点选择材料。在阅读时，我要求学生注意随时圈点，批注，养成不动笔墨不读书的习惯。阅读后，我又要求学生对文章中的构思进行思

考：作者是如何围绕观点选择材料的？让学生体会文章的详略安排问题，并把握“与中心有关的就要详写，反之略写”这一重要原则，并要求学生把有价值的事例进行摘录，有所思考，有所感悟，并写成简单的《摘抄本》。这些《摘抄本》就是写作素材的积累，当学生重新对它们进行筛选组合，并学会围绕观点选择材料，它们又呈现了一个全新的境界。如在作文《人的底线》中，学生们从《摘抄本》中掌握了这些素材的运用：“司马迁，遭受宫刑奇耻大辱的他在当时社会几乎不可能谋求自己的位置，而他用自己双手创造出《史记》——一部不朽的著作，他守住了人的底线；《氓》里的女主人公的不逆来顺受，任人宰割，向命运发出挑战是守住了人的底线；李白不向权贵折腰，张扬自己的个性，尽显自我的本色是守住了人的底线；……”学生正是读懂了选材，领悟了构思并学会运用于写作，寥寥几例既蕴含了深刻的思想又增强了文章的文化底蕴。

②根据材料提炼观点。在指导学生学会围绕观点选择材料后，我还重视引导学生先学会从材料中提取恰当的观点。材料从哪里来呢？我的做法是开展“课前五分钟”的演讲活动，发动学生搜集近期发生的国内外新闻，制作成幻灯片在课前五分钟进行演讲。演讲的内容不只是单纯的报道新闻，更重要的是让学生能够在新闻中提炼观点，进行分析评价。我认为这是对“围绕观点选择材料”的有效补充，目的也是让学生完成“读材料，悟构思，写文章”的任务。如当时在报道新闻《李刚门》时，学生从四个角度进行分析：角度一：李启铭酒后驾驶黑色迈腾轿车在河北大学新校区生活区，将两名女生陈某、张某撞伤。事故发生后，李启铭仍驾车继续行驶——特权思想对人生命的漠视。角度二：撞人的李启铭说：“看把我的车刷的”“我爸是李刚，有本事你去告去啊。”——权力产生的巨大力量令人可怕；“炫爹拼爸”折射出价值观和人生观的贬值。角度三：10月24日，犯罪嫌疑人李启铭因涉嫌交通肇事犯罪被望都县人民检察院依法批准逮捕——“执法必严，违法必究”。角度四：“李刚门”的事件的深层原因——教育的缺失导致道德的缺失。

综上所述，阅读和写作既自成体系，又相辅相成，在阅读教学的同时对学生进行相应的写作训练，双管齐下，一箭双雕，是提高学生写作能力的重要途径。我国伟大的现实主义诗人杜甫曾用最概括的语言表达了阅读与写作的关系“读书破万卷，下笔如有神”。可以说，从某种程度上看，读与写密不可分，读可促写，读是写的前提。读可以为写提供参考模式，读可以给写以更多的启发。能读然后才是会写；善读并好读之人，才能迅速提高写作水平。以上就是我在作文“读、悟、写”的一些尝试和做法，希望它能像一首小夜曲，为你不眠的作文夜空，带来静谧和安详！

参考文献：
[1]叶圣陶.叶圣陶语文教育论集[M],北京:教育科学出版社,1980.
[2]张志公.提高语文教学的效率[M],北京:北京大学出版社,1998.

（本文发表在2018年4月《粤东基础教育》总第30期）

# 心有猛虎，细嗅蔷薇

## —— 基于核心素养背景下借力时评培养作文"嗅觉"

英国诗人西格里夫·萨松的不朽诗句——我心里有猛虎在细嗅蔷薇，也许，每个人的心中深处都穴居着一只猛虎，它会给你勇往直前并且坚定不移的勇气，只是在虎穴之外仍有蔷薇丛生。因而我们既不能没有猛虎的魄力，也不能没有蔷薇的细腻。《高中语文新课程标准》的教学建议：高中语文课程应在义务教育的基础上进一步提高学生的"语文核心素养"。那什么是"语文核心素养"呢？部编本语文教材主编温儒敏教授是这么解释"语文核心素养"的四个方面：第一，是"语言建构与运用"；第二，是"思维发展与提升"；第三，是"审美鉴赏与创造"；第四，是"文化传承与理解"。

如何培养学生的语文核心素养呢？笔者认为它不是一蹴而就的，而是需要我们老师平时对学生在课内课外的长期熏陶和训练。除了重视在课堂借助教材进行语文素养的培养外，笔者的做法是还借助课前五分钟，让学生一天一人轮流上台演讲时评并进行评价交流。此段时间在家上网课，笔者坚持让学生天天关注积累时评并进行简要点评。时评作为时代的最强音，如一只只猛虎，气势如虹，豪情万丈；而借力这些猛虎，去细嗅蔷薇的芬芳，引导我们的学生，培养作文"嗅觉"，也就是文字的敏感度，从而提高作文的效果。此举对于信息闭塞的农村，作用非常大。让足不出户的孩子，也能观大千世界，知天下大事，更能从时评中汲取作文的营养，帮助学生的语言积累以及语感和思维的发展，帮助学生在阅读与鉴赏、表达与交流时评的实践中，掌握学习作文的方法，增强语文应用能力，创作出自己的作品。如何借力时评培养学生作文的嗅觉呢？长期以来，笔者重视从四个方面努力，培养学生通过阅读一篇时评，快速捕捉这篇时评中“立意、结构、语言、思维”有什么特色，培养学生敏锐的敏感度，也就是作文的“嗅觉”。经过一段时间的训练，学生也能够依葫芦画瓢，写出一篇好的作文。下面，笔者谈谈具体的四种做法：

**一、借力时评，培养学生“立意”的嗅觉**

立意，是文章的统帅和灵魂。

“千古文章意为先”，立意是一篇作品所确立的文意，它包括全文的思想内容、作者的构思设想和写作意图及动机等。立意是一篇文章的根本，它直接关系到文章的选材，布局，乃至文章的深度。立意的好坏，直接影响和决定着文章的成败。谁的文章立意好、立意深、立意巧、立意新，谁的作文就能胜人一筹。而在时评中培养学生立意的“嗅觉”，才能让学生在作文时形成“立意”先行的意识，高屋建瓴，一意定乾坤。而通过立意“嗅觉”的培养，提升学生的“审美鉴赏与创造及文化传承与理解”的核心素养，让学生在鉴赏评价时评中，形成正确的审美意识和健康意识，继承中华优秀传统文化，拓宽文化视野，增强文化自觉的意识和文化自信，更好地在作文时定好立意，写出有深度、有温度、有气度的文章。

**素材回放：**《中国青年是好样的，是堪当大任的！》

3月15日，习近平总书记给北京大学援鄂医疗队全体“90后”党员回信，向他们和奋斗在疫情防控各条战线上的广大青年致以诚挚的问候。总书记充分肯定广大青年在这场严峻斗争中彰显了青春蓬勃力量、交出了合格答卷，深情勉励他们让青春在党和人民最需要的地方绽放绚丽之花，鼓舞和激励广大青年不惧风雨、勇挑重担，为党和人民事业贡献青春力量。

（节选自2020年3月18日《人民日报》）

**学生点评：**这篇时评的立意上，从习总书记给北大援鄂党员的回信及向广大抗疫青年的充分肯定、深深勉励为背景并从回信中提取了关键句：“当代青年是堪当大任的”作为文章的宏大立意，在该立意的基础上深刻剖析抗疫场上榜样青年们的责任与担当、无畏与奉献。这增强了我们的民族自豪感，让我们深深感受到青年人的责任与担当。（潘雪蓥）

这篇时评围绕习近平给援鄂青年的一封激励信，以此为文章背景，引用习近平的话点明文章中心“新时代的中国青年是好样的，是堪当大任的！”，用此关键句来确立文章立意：(1)青年是奋斗出来的；(2)青年的使命与担当；(3)青年是国家的前进力量。此立意生动形象，富有感染力，给予人思想的启迪，达到震撼人心的力量。（张晓桐）

**教师点评：**议论文的立意就是中心论点，在作文时，要模仿时评的立意，开门见山，直接点明。立意的选取要紧紧围绕题目中的中心事件，或是直接提取或是进行升华，要深入挖掘其丰富内涵，以展开我们的说理与剖析。立意要明确、色彩要鲜明、要传播正能量，要在文中体现出作文的题目要求，挖掘材料中的关键点，运用逻辑思维思考论点的落脚点。立意要新颖独特，摆脱俗套，让人眼前一亮，增加作文的“闪光点”。

**二、借力时评，培养学生“结构”的嗅觉**

结构，是文章的骨架。

文章的结构是指对材料的组织和安排的方法。结构安排是由思路决定的，思路是结构安排的依据和理由。文章的结构组织是否严密、清晰，就表明着作者的思路是否严密、清晰；而思路是否严密、清晰，又表明着他对自然万物认识的深刻程度。文章的结构是文章部分与部分、部分与整体之间的内在联系和外部形式的统一，大体分为6种，分别为总分式结构、并列式结构、分论点列述式、对照式、递进式、总分总式（引议联结）。而在时评中培养学生结构的“嗅觉”，才能让学生在作文时注重搭建文章的框架，步步为营，层层深入，以达到条理清晰，结构严谨的效果。通过结构“嗅觉”的培养，提升学生的“语言建构与运用及审美鉴赏与创造”的核心素养，让学生在鉴赏评价时评中，主动地积累、梳理和整合，逐步掌握作文的结构特点及其运用规律，形成正确的审美意识，并在此过程中逐步掌握表现美、创造美的方法，更好地在作文时谋篇布局，写出骨架清晰条理分明的文章。

**素材回放：**《中国青年是好样的，是堪当大任的！》

一代青年有一代青年的历史际遇，艰辛与磨砺是成长最好的催化剂。对于“90后”青年来说，能够参与这场抗击疫情的严峻斗争，无疑是一次弥足珍贵的人生经历，他们付出很多，也一定收获很多。他们不仅经历了生死考验、身心磨砺，更见证了国家强大的综合实力、众志成城风雨同舟的民族精神、中国特色社会主义制度的显著优势。正如一位大学生志愿者感慨的那样：“抗击疫情是我们最好的成长礼。”也正如有人为他们点赞的那样：“昨天父母眼中的孩子，今天已然成为新时代共和国的脊梁，成为我们国家的骄傲和希望！”（节选自2020年3月18日《人民日报》）

**学生点评：**此时评分为四部分，由“引”“议”“联”“结”组成。“新时代的中国青年是好样的，是堪当大任的！”题目观点突出，点明文章主旨，描写对象明确，运用习近平的话，有文学性和说服力。文章结构由浅入深，由引入事例到深推本质，使得文章既有宏大叙事的激昂，又有深入人心的感动。其分论点的设置能高度概括文段内容、与文章主题相符，使得文章结构严谨，条理清晰。

引——开头以“总书记充分肯定广大青年、鼓舞和激励广大青年”引述材料，亮出观点。

议——分析材料，进行议论，为下文主体议论对象进行铺垫引申，“关键时刻，危难关头，‘90后’青年不畏艰险繁难、不计生死得失，坚守各自岗位、认真履职尽责，为疫情防控斗争做出重要贡献。他们不愧为新时代的中国青年！不愧为最积极、最有生气的力量！”为下文联系实际张本。

联——以名言引入“疾风知劲草，烈火见真金”。点明青年要有什么作为。“每个人都有责任，我也希望能出一份力”“非典时，大家保护我们‘90后’；17年后，我们‘90后’要保护大家”通过抒情，打动读者内心。再与实际人物联系起来谈，举例论证论点，再从个别人物联系到中国青年。“一代青年有一代青年的历史际遇，艰辛与磨砺是成长最好的催化剂。”通过比喻，形象生动，让读者明白青年在国家发展中所担当的角色。联系实际，由小见大，由此及彼，强调突出青年对国家的重要性。也正如有人为他们点赞的那样：“昨天父母眼中的孩子，今天已然成为新时代共和国的脊梁，成为我们国家的骄傲和希望！”

结——“青年一代有理想、有本领、有担当，国家就有前途，民族就有希望。”用名言总结，“历史也将见证，以抗疫一线‘90后’为代表的这一代中国青年，必将成为能够担当民族复兴大任的时代人！”通过现在到将来的时间跨度、为党为民的政治高度对文章中心思想进行升华，可谓点睛之笔，与题目相照应，升华主题，突出青年的历史使命。（张晓桐）

**教师点评：**在作文结构安排上，要模仿时评的结构，注重整体布局也要注重局部内容的安排衔接。整体上可在开篇点明论点、提出时代愿景，或在结尾进行点题和升华，宏大叙事。要按照一定的逻辑关系安排分论点，比如并列式、递进式、对比式等，在各个分论点上要用典型生动事例来具体论证，使文章有条理、有内涵，不空洞，不松散。

**三、借力时评，培养学生“语言”的嗅觉**

语言，是文章的“肌肤”。

古人云：“言之无文，行而不远。”语言是思想的“外壳”，文章精确的立意，新颖的素材，精巧的构思，无不以语言为载体。一篇文章拥有了美丽而恰切的“外壳”、漂亮的“肌肤”，定会鲜活感人，光彩照人，神奇动人。对语言没有感觉，没有热爱的人，永远写不出一篇好作文。作文教学就是语言运用表达的活动，恰当的语言运用才能完美地表达。语言词汇生动活泼、语言句式韵律和谐、语言修辞清新雅致、语言幽默富有独特个性、语言描写传神出彩、语言热情洋溢富有气势等，都让语言美不胜收，灵活生动。而在时评中培养学生语言的“嗅觉”，将为作文的语言提供范本，让文章充满语言的魅力。通过语言“嗅觉”的培养，提升学生的“语言建构与运用及审美鉴赏与创造”的核心素养，在鉴赏评价时评中，品味赏析优美的语言，形成个体的言语经验和审美意识，逐步掌握表现美、创造美的方法，在具体的语言情境中正确有效地运用祖国语言文字进行交流沟通表达的能力，更好地在作文时写出文采斐然的文章。

**素材回放：**《你最牛的背景，是今天的中国》《欣赏你一往无前的奋斗姿态》

前景可待，未来可期。行进中的中国，给了你最大的底气。这份底气，藏在你眼中绽放的神采里；镌刻进你为生活打拼、为理想执着的自信里；映照在你的谈吐，你的胸襟、你的视野里。

一帆风顺，显示不出水手的坚强；百转千回，才有百炼成钢。恰恰是在跌倒的时候，奋斗才能凸显其意义。“不能因现实复杂而放弃梦想，不能因理想遥远而放弃追求”，因为——“历史只会眷顾坚定者、奋进者、搏击者，而不会等待犹豫者、懈怠者、畏难者。”用力活着，才有分量；向前奔跑，才能抵达。愿你青春灿烂，愿你前途光明。

（节选自2020年2月21日《人民日报》写给青年的8封信）

**学生点评：**优美的语言让人更有读下去的冲动，语言可以看出一个人思想和文化内涵，语言也是文章中的重要得分点，流畅优美的语言给文章锦上添花。如这篇时评中：开头就用三个句子形成排比句，增强气势，引起人们的思考，引人入胜。“这份底气，藏在你眼中绽放的神采里；镌刻进你为生活打拼、为理想执着的自信里；映照在你的谈吐，你的胸襟、你的视野里。”多用排比句，名人名言，名著名句，丰富文章内容，增强文学性。显得文章更有文学底蕴。结尾也采用了一句崔卫平的名言，“你所站立的地方，正是你的中国；你怎么样，中国便怎么样；你是什么，中国便是什么；你有光明，中国便不黑暗”，铿锵有力，点明中心，升华主题。（陈婷婷）

用人们所熟知的例子和最朴素的语言，却揭示了具有哲理性的道理。全文始终围绕“奋斗”这个主题，加以阐述论证。文章又运用了对比分析，以父母那一代人和当代青年人的对比。揭示奋斗精神是我们几千年来源远流长的传统精神文化。语言逻辑性强，认识深刻，透过现象看到本质，通过对前辈们的生活经历的描写，揭示我们青年人也应该奋斗的本质。通过实例分析与抒情结合，能够给人留下深刻印象，而且具有极强的感染力，能够激起当代青年人想要奋斗的决心。还运用了大量的名人名言，有一定的说服力。论证了“这个时代只会眷顾坚定者、奋进者、搏击者，而不会等待犹豫者、懈怠者、畏难者。”（郑芝媚）

**教师点评：**在作文时，要模仿时评的语言，用时政色彩浓厚的语言彰显文章的时代性；要多用四字词或名言，以调动读者的阅读情绪；要用生动、灵活、激情、丰富的语言提升文章意境，提升阅读效果，体现个人独特的语言风格。

**四、借力时评，培养学生“思维”的嗅觉**

思维，是文章的气质。没有思维的文章有如行尸走肉。高考作文题历来重视逻辑思维和辩证思维。辩证思维常用的方式有三种：一是用发展的眼光去分析某一问题，在分析中揭示事物的本质与规律所在（纵向联系）；二是运用事物间相互联系的观点去分析问题，揭示事物间的相互联系，进而揭示事物的本质（横向联系）；三是用一分为二的观点去分析问题，在比较分析中思考问题，深化观点（对比联系）。一分为二地看问题是辩证分析的最基本的方法，它的基本要求就是作者在分析问题时看到事物的这一面，也看到事物的另一面；既看到事物的正面，也看到事物的反面（通俗一点说，就是正说说，反说说）。将这两者放在表现同一中心或观点的文章中作对比式的比较，在比较中，向读者交代孰是孰非，明确观点正确在哪里，错误在哪里；该提倡什么，该反对什么。而在时评中培养学生思维的“嗅觉”，将让学生在作文时形成思维的“定式”，写出有思维深度有影响力的文章。通过思维

"嗅觉"的培养，提升学生的"思维发展与提升及审美鉴赏与创造"的核心素养，在鉴赏评价时评中，形成审美意识，让学生在语文学习过程中获得思维能力发展和思维品质的提升，更好地在作文时深思熟虑、百炼成钢，写出思想深刻，富有哲理的文章。

**素材回放：**《用全面辩证长远的眼光看待我国发展》

当前，全国疫情防控形势持续向好，生产生活秩序加快恢复。同时，境外疫情扩散蔓延，对世界经济产生不利影响，给我国经济发展带来新的挑战。当此之际，我们要牢记习近平总书记强调的"用全面、辩证、长远的眼光看待我国发展"，准确把握当前复杂经济形势，坚定我国发展的必胜信心。

（节选自2020年3月23日《人民日报》）

**学生点评：**开篇即采用一分为二的观点以及习近平总书记的讲话，高度概括为什么我们要用全面辩证长远的眼光看待我国发展。由此展开辩证叙述。第二段承接了第一段的表述，运用事物间横向联系的观点分析在这场抗击疫情的严峻斗争下也展示了我国拥有雄厚物质技术基础和强大供给能力、适应能力、修复能力，侧面看出我国经济实力雄厚以及坚定必胜的决心。第三段阐述了如何全面地看待中国的发展。用各项增长表明我国经济仍然处于高速发展。再从横向联系，大到国家工业总产值，小到日常物资，并没有因疫情而受到大的影响。第四段用一系列疫情冲击下的逆增长分析了危机中产生的机遇，强调要用辩证的发展的眼光看待我国的发展，把压力转化为动力，刺激经济增长，释放市场活力。结尾两段用发展的眼光分析我国良好的发展态势，用中国经济资源潜力巨大、内生动力充足、发展活力强劲的基本特征说明中国受疫情的影响是暂时的，此次危机并不会影响中国实现经济社会发展的长期目标，中国将在千千万万人的努力下乘风破浪，直向远大光明的前途。（纪秋钰）

**教师点评：**作文时，要模仿时评的思维，采用逻辑思维和辩证思维的分析方法，从总体到局部，从抽象到具体，从个别到一般，纵向地、横向地、一分为二地辩证地看待问题，要透过现象看本质，对事物发展的原因、根源和解决方法进行深入的具体分析，更好地使读者接受和理解文章蕴含的深刻哲理。

马鼎盛说："了解一个时代的最佳途径就是阅读这个时代的评论，因为它代表着这个时代的最强音。"高考语文最注重考查学生的阅读素养和表达素养。就是让学生在接受性的阅读基础上，多角度、多层面地阅读，又能创造性、批判性地表达，最终成为积极主动的阅读者。借力时评，在阅读时评中培养学生作文“立意、结构、语言、思维”的嗅觉，是提升学生语文核心素养的有利途径。

让我们“心有猛虎，细嗅蔷薇”，捕捉时评中的灵光，用智慧创造美、表达美；让我们培养一颗善感多思的玲珑心，用生花妙笔去描绘七彩的生活；让我们既仰望星空又脚踏实地，用诗情画意谱写时代的辉煌赞歌！

参考文献：

[1] 安新飞.在时评写作中培养学生的立体思维能力[J].语文教学研究,2013（1），46–47.

[2] 陈雪.新视角下“时评”写作有效策略探析[J].中学教学参考,2015（1）, 30–31.

（本文于2020年获广东省教育学会论文评比二等奖）

# 借思维之芽　开阅读之花

## ——浅谈新高考背景下农村中学制胜语文高考的法宝

**一、背景及效果**

众所周知，农村中学的孩子语文基础薄弱，阅读面窄，作文能力低下。就算有读好语文之心，但“巧妇难为无米之炊”，空有一腔热情，在高考中面对150分的语文试题时，往往手足无措，不知如何应对，做不完试卷的也大有其人。但是，在高考六个科目中，相比其他的科目，语文所做的贡献最大，因为它毕竟是母语，还是比较容易提高成绩。基于此，本人尝试在高三的备考教学中，重视学生阅读和写作能力的培养，有意识地对学生进行创造性、思辨性、迁移性三种思维的训练，“以读促写，以写促读”，而不是简单地操练习题和忙于应付考试。因为本人清楚，不管考试如何变化，真正考查的是学生阅读和写作的能力。只有抓住这个根本，才能真正提高学生的语文能力，才能在千军万马的高考竞争中脱颖而出，“以不变应万变”，决胜高考。澄海区有14所中学，有4所重点高中。本人所在学校东里中学是10所农村中学中的一所。经过一年的培养和训练，本人所任教的高三（2）班在高考的平均分101.4，超过省的平均分以及我区的一所重点高中。与同学校的其他班级相比，也超出许多。

**二、策略及个例**

总结成绩，反思过去。一年来，作为毕业班的把关老师，本人主要重视在阅读和写作两个方面培养提高学生的能力。具体采取的制胜策略有三个：

（一）以读促写，培养创造性思维

《深化教育改革，全面推进素质教育的决定》中明确地指出：培养学生的创新精神是全面推进素质教育的重点。这就要求我们教师以发展学生的创造性思维，提高学生的分析能力为标向。《高中语文新课程标准》也要求语文教学要发展学生的独立阅读能力，“应在继续提高学生观察、分析、判断能力的同时，重点关注学生思考问题的深度和广度”，培养创造性思维的重要性已被提到了从未有过的高度。创造性思维是思维的智力品质之一，是通过客观事物的本质及内在的联系的基础上产生新颖的、独特的思维。创造性思维能力的培养是一个多种因素互相联系，互相影响，互相作用的动态结构过程，它包括知、情、意在内的各种心理活动在最高水平上的综合。在高三的教学中，我在课外时间，有计划有目的地布置学生去阅读名著《活着》，并要求学生从情节、人物、环境、主题等各选一个角度分析小说，并写成几百字的小论文，“以读促写”，以此来培养学生的创造性思维。学生兴趣盎然，都能认真出色地完成任务。以刘雪华《人生百态，各得其所——读余华的〈活着〉有感 》 为例：

余华在韩文版的自序中说：“‘活着’在中国语言充满了力量，它的力量不是来自喊叫，也不是来自进攻，而是忍受，去忍受生命赋予我们的责任，去忍受现实给予我们的幸福和苦难、无聊和平庸。 因为远离那些动荡的年月，因为并未真正有过艰难和困顿，这个故事让年轻的我们不禁战栗。短短的十二万字，笼罩着“欲哭无泪的压抑”。只是合上书本之时，内心似乎多了一些超越世俗的欲望和纷争的平静。其实，人最重要的是活着。人生百态，各得其所。

再比如在参加林诗铨名师工作室的研讨课《哦，香雪》教学中，本人引导学生“以读促写”，在阅读小说后，创设情境“某电视台准备举行《励志青春达人》的评比大赛，如果你是评委，请为香雪写一段推荐语”。学生充分发挥创造性思维，写出精彩纷呈的推荐语。如：

她是顶着万钧巨石破芽而出的小草；她是迎着风浪勇敢飞翔的海燕；她是突破重茧获得重生的蝴蝶！即使身处山村，她依旧怀有梦想，勇敢追求知识，追求文明，追求不一样的世界！她就是励志青春达人——香雪。（吴镁景）

凤凰鸣矣，于彼高岗；梧桐生矣，于彼朝阳。古老的大山，淳朴的山村，人杰地灵，孕育出一位自尊自强，淳朴执着，积极上进的女孩，她用自己的

努力与汗水化成自己飞向成功的翅膀。她是当之无愧的“励志青春达人”——香雪。（王冰）

在教学生熟知文体特征的基础上，本人通过“以读促写”的训练方式，潜移默化地培养学生的创造性思维，既提高了学生的深度阅读能力，又提高学生的写作能力，最终对文本形成深层次的分析思考，有利于提升高考阅读文学类文章的能力。

（二）以读促写，培养思辨性思维

《高中语文新课程标准》也要求语文教学要注重个性化表达，“要充分调动自己的生活经验和知识积累，在主动积极的思维和情感活动中，发展思辨能力和批判能力”，这就意味着要重视培养学生的思辨性思维，逐步帮助学生加深对个人与国家、个人与社会、个人与自然关系的思考和认识。思辨性思维常用的方式有三种：一是用发展的眼光去分析某一问题，在分析中揭示事物的本质与规律所在（纵向联系）；二是运用事物间相互联系的观点去分析问题，揭示事物间的相互联系，进而揭示事物的本质（横向联系）；三是用一分为二的观点去分析问题，在比较分析中思考问题，深化观点（对比联系）。基于此，本人对学生的训练途径，主要采用“课前五分钟演讲”活动。按照座号轮流，每天一位同学上台报道新闻并进行思辨性的评价。要求学生在鉴赏评价新闻中，形成审美意识，获得思维能力发展和思维品质的提升。这其实符合了高考作文中越来越重视学生的思辨性思维的大趋势。经过一学年的训练，学生是思辨能力得到有效提高，在作文论证时能够运用思辨性思维分析问题实质，作文的深刻度明显提高。在汕头一模二模的测试中，我班的作文平均分都超过43分，这在农村中学实属不易。例如在新冠疫情期间，我引导学生阅读2020年3月23日《人民日报》评论——《用全面辩证长远的眼光看待我国发展》，学生纪秋钰写道：

本文开篇即采用一分为二的观点以及习近平总书记的讲话，高度概括为什么我们要用全面辩证长远的眼光看待我国发展。由此展开辩证叙述。第二段承接了第一段的表述，运用事物间横向联系的观点分析在这场抗击疫情的严峻斗争下也展示了我国拥有雄厚物质技术基础和强大供给能力、适应能力、修复能力，侧面看出我国经济实力雄厚以及坚定必胜的决心。第三段阐述了如何全面地看待中国的发展。用各项增长表明我国经济仍然处于高速发展。再从横向联系，大到国家工业总产值，小到日常物资，并没有因疫情而受到大的影响。第四段用一系列疫情冲击下的逆增长分析了危机中产生的机遇，强调要用辩证的发展的眼光看待我国的发展，把压力转化为动力，刺激经济增长，释放市场活力。结尾两段用发展的眼光分析我国良好的发展态势，用中国经济有资源潜力巨大、内生动力充足、发展活力强劲的基本特征说明中国受疫情的影响至少暂时的，此次危机并不会影响中国实现经济社会发展的长期目标，中国将在千千万万人的努力下乘风破浪，直向远大光明的前途。

正是通过“以读促写”的训练方式，本人每天都即兴对学生的报道和评价进行点评，潜移默化地培养学生的思辨性思维，既提高了学生的批判阅读能力，又提高学生的写作能力，有利于提升学生高考阅读实用类文章的能力。

（三）以写促读，培养迁移性思维

《高中语文新课程标准》还要求语文教学要学习鉴赏中外文学作品，“注重审美体验，领悟作品的丰富内涵，努力探索作品中蕴含的民族心理和时代精神，有自己的情感体验和思考”。这就要求我们在指导学生进行阅读时，能源于文本，超出文本，高于文本，调动过去的阅读体验，培养迁移性思维，读出自己的感悟。迁移性思维是指人脑在发展创造性的思维过程中，根据已经获得的知识、技能和方法等因素，来获取新知识、新技能和新方法的思维能力。在阅读中，培养这种思维，有利于努力探索作品中蕴含的民族心理和时代精神。因为作品中的“典型人物”并非个案，应该代表着一类人，以及在这类人身上所蕴藏的民族心理和时代精神，因此，很多文学作品中的人物是共通的。例如，在教学《哦，香雪》中，本人就设计了一个问题：“在你读过的文学作品或现实中，还有哪个‘香雪’也曾打动过你？”激发迁移性思维，“以写促读”，通过迁移性的写作来达到对文本深度阅读的效果。学生的写作非常优秀，超出我的预期。

沈从文《边城》中的翠翠。翠翠和香雪一样都是大山里的纯真的女孩，有着淳朴的人性美，香雪追求知识和平等，翠翠渴望爱情，但翠翠没能像香雪一样勇敢地去追求。（吴镁景）

雨果《悲惨世界》中的芳汀，与“香雪”一样，芳汀本就意味着纯洁美好的意思。芳汀是一个女工，有着漂亮的金色长发。单纯善良的她爱上了一名贵族青年，有了他的骨肉后惨遭抛弃，开始了悲惨的生活。最后无奈沦落为妓女，病死在床上。芳汀的灵魂是高洁美好的，她有着和香雪一样坚强自尊

的品质，只是被社会压迫，才沦落致死。（陈海琪）

通过“以写促读”的训练方式，本人重视引导学生调动已有的阅读体验，拓宽学生是视野，潜移默化地培养学生的迁移性思维，既提高了学生写作能力，又提高学生的深度阅读能力，有利于提升学生高考阅读文学类文章的能力。

笛卡尔说：“我思故我在”；柏拉图说：“思维是灵魂的自我谈话。”借思维之芽，开阅读之花。一年来，本人通过创造性思维、思辨性思维、迁移性思维的“用心良苦”的栽培，综合提升学生的思维能力和深度阅读能力，形成一套对文本独特的阅读方法，终于在今年的高考中决胜，开出美丽动人之花。

“白日不到处，青春恰自来。此花如米小，也学牡丹开！”只要能绽放，终将无悔！

# 课堂心意

KETANGXINYI

香气四溢敢为梦想千里追寻

雪飘万里甘为初心破茧成蝶

心

# 《武陵春》教学设计

**教学背景**

《武陵春》选自《李清照集校注》。这是南宋伟大的女词人李清照在经历了国家败亡、家乡沦陷、文物丧失、丈夫病死等不幸遭遇后所写的。本词语言清丽，格调伤感，风格委婉缠绵。李清照在词中为我们状写了一份难言的无形的情感。理解这份情感表述的妙处，需要我们把它放在文化的背景上，放在审美的坐标中，根据文本用词练句的特点，去引导学生解读、感悟。由此，让学生了解词作的背景，引导学生探究本词选词练句的匠心是教学的重点。当然，诗词教学离不开诵读。基于此，本词的教学我采用"读顺—读懂—读悟"的基本课型，前两个环节采用常规教学方法，"读悟"环节采用较为开放的教学形式，即通过模仿"艺术人生"的节目形式，由一名口才比较好的学生扮演节目主持人朱军，其余学生扮演观众，教师扮演"李清照"。让学生直接与"李清照""对话"，近距离地接触李清照：帮助学生走进李清照多愁善感的心灵世界；激发学生的兴趣和想象：培养学生主动参与，勇于创新的精神；以体现"教学要以学生为主体"的教学理念。基本设计如下。

**教学过程**

一、由学生根据预习，介绍作者；教师评点，介绍本词写作的背景材料。

二、学生自由朗读本词，教师进行朗读指导，完成“读顺”教学任务。

三、师生对话，在质疑和解疑中理解字面意思，了解词意、感情格调，完成“读懂”任务。

四、按下列程序进行情景教学，探究本词的艺术技巧，力求“读悟”。

1.主持人导入（创设情境，激发兴趣）。

2.主持人与李清照的对话（发挥想象，进入情境）。

话题一：易安居士，您是宋代婉约词派的代表人物，为我们留下了许多首脍炙人口的词，您能否把您的创作历程为我们作个介绍呢？

话题二：“工于造语，善于创意出奇”，“句中无余字，篇中无长语”是您对词的语言的特殊追求，因此也令您的语言具有一种独特的魅力。有人评价，您在语言艺术上独到之处是可以和李煜相提并论的。那么，我想请问您为什么能这样“与众不同”呢？

3.观众与李清照的对话（主动参与，合作探究）。（精彩片段）

4.观众与李清照、主持人对话（链接生活，感悟体验）。

链接一：我在课余生活也喜欢写诗，但所写的诗意境不美，语言缺乏表现力。请问主持人和易安居士，除了“炼字”以外，我还要在其他什么方面上下功夫？

链接二：我们常说“词中有画，以画解词”，那么我能否就我自己对一首词语言的独特感悟去创作一幅画，以图画去“解词”呢？

5.主持人作结（提出希望，升华主题）。

五、教师评价。

**精彩片段**

观众与李清照的对话（主动参与，合作探究）

（多媒体显示李清照慵懒地倚在楼上的栏杆前，远眺天涯，楼下落红片片的图像。在图像上自右到左慢慢浮现《武陵春》整首词。教师在配乐下深情朗诵《武陵春》，学生边听边感受词中独特的语言魅力，为“探究”渲染情感氛围。）（多媒体显示探究议题：自由选择最喜欢的一句进行品味，探究李清照在“炼字”上的独特语言艺术。小组讨论后，派代表发言。）

生：易安居士，我很敬佩您在“炼字”上的精工锤炼、苦心追求，但有些字我不大理解。比如，“风住尘香花已尽”这一句，我觉得它很有蕴味，但为什么要用“风住”“尘香”呢?

李清照：这是我对当时景物细致观察后所写的。我采用“风住”二字，极富于暗示性。它告诉读者在此之前曾是风吹雨打，落红成阵的日子。在此期间，我被这无情的风雨锁在家中，心情之苦闷是可想而知的。“尘香”不仅说明天已晴朗多时，落花已化为尘土，尘土正飘散出香气；而且富有对美好事物遭受摧残的惋惜之情和对我自己飘荡无依的深沉感慨；更与下文“花已尽”完全吻合。

生：能不能换为“风过”“尘飞”呢?

李清照：“风住”和“尘香”语言更优美，意境更深远，更有无穷之味。如果换为“风过”“尘飞”则毫无任何寓意可言，也与当时的实际不相符了。

生：我最喜欢您的那句“日晚倦梳头”。我觉得这个“倦”字写出了您当时那种慵懒的神态。但“倦”字能不能换为“懒”字呢?不是更直接吗?

李清照：您的理解能力很好。当时因金人南下，几经丧乱，我志同道合的爱人——赵明诚早已逝世，我只身流落金华，眼前所见的是一年一度的春景，睹物思人，物是人非，不禁悲从中来，感到万事皆休，无穷落寞。因此日高方起，懒于梳理，且达到厌倦的程度，这个“倦”字，道出我在国痛家恨的压力下那种不待明言，难以排遣的的凄惨内心，我并非只是“懒”，而是心灰意冷，万般无奈地“倦”。

生：眼泪是传达感情的最好工具之一，人们在激动的时刻，常常借眼泪来渲泄内心的痛苦。我最喜欢您的“欲语泪先流”，觉得很扣人心弦。特别是“欲”“先”字，道出您内心的痛苦情状。您是怎么想到用这两个字的?

李清照：在这里，我以“欲语”作为铺垫。点明我很想诉说出我内心的情感，但泪水早已不受控制，夺眶而出，在欲语之前先泪流满面，简单的五个字，把我那种难以控制的满腔忧愁一下子倾泻出来，更具有一股动人心弦的艺术魅力。

生：这句话如果换为“未语泪已流”好吗?

李清照：我认为“欲语泪先流”还是更好一些。形象更鲜明深刻。而“未语泪已流”表达的情感就没有这般强烈和更具动态了。

（请全班同学齐声朗读词的上阕，注意读出作者的感情。几个重点词语要重读。）

生：早听说您的作品的风格是起伏跌宕、曲折多变。我最喜欢词的下阕。觉得您连用了“闻说”“也拟”“只恐”几个字，道出您内心变化的感情。请问这些字是怎么传达出您的复杂感情的？

李清照：张炎在《词源》中说：词与诗不同，合用虚字呼唤。我在这里就是一连用了“闻说”“也拟”“只恐”三组虚字，作为起伏转折的契机。那时我虽然刚刚还在流泪，可是一听说金华郊外的双溪正是春光明媚，游人如织的时刻，我这个平日喜爱游览的人遂起出游之兴。很想驾起轻舟，游春解愁。但人未成行，心绪又转：只怕双溪舟小，载不动我那么多愁苦。那么只有闭门负忧、独自销魂了。可见这三组虚字，把我在那种特殊环境下顷刻间的微妙复杂的心理变化表现得淋漓尽致，回肠荡气。

生：我知道您是最擅长写愁的。在您笔下的愁都很形象传神、韵味幽深。所以我最喜欢最后一句。觉得“载不动”三字非常传神。因为在此之前，好像没有人这么说过。请问您是怎么构想出来的？

李清照：“愁”本是心中之事，抽象之物。只可意会，难以捉摸。但在这里我突发奇想，把它装上小船，给人一种具体可触的立体感；而且还怕愁太重，小船载不动，则这愁更具有重量；再联系前句的“轻”字，“载不动”让我们似乎还可看到这小船在重愁堆压下被慢慢压向水面之状，从而获得了一种动态感。这样就灵活地寓情于景，构成了完整的意境。

生：能不能把“载不动”改为“带不走”呢？

李清照：我以为不大妥当。因为如果换为“带不走”就无法把“愁”化虚为实，也无法表达出“愁”有多重了。

（请一位朗读能力比较好的学生朗读词的下阕，注意把握人物复杂的心理变化。）

生：易安居士，由对这几句词句的鉴赏分析，令我们感觉到“炼字”的重要性。也领略了您的词中语言的独特魅力。那么，在“炼字”方面，您有什么秘诀要告诉我们呢？

李清照：（多媒体显示。）

“炼字”也就是对文字进行仔细的推敲、反复的揣摩，精工的锤炼，就好像把一块铁放在你自己胸中的熔炉里进行冶炼，使它变成一块好钢，使它能正确地传达出你的独特的感情体验，传达出你的优美的意境。

生：刚才我们都是在探究您在词中语言的独特艺术，那么我想请问，对诗词语言的探究分析是否可以成为一把鉴赏分析诗词的钥匙呢?

李清照：我想这是一个好方法。对一首诗词的鉴赏分析可以从它的意境、语言、情感、创作背景、艺术特色等方面进行分析。而通过品味、探究诗词的语言而达到了解诗词的内涵，这未尝不是一个鉴赏分析诗词的好途径。

（请女同学诵读词的上阕，男同学诵读词的下阕。注意读出情感、节奏、重读。）

**教学反思**

《武陵春》这节课的成功之处：

1.以读为本，重视美读。这首词的情感和韵味，气势和神采，以及音韵美和节奏感，不经过反复诵读一般是难以体会到美妙之处的。在教学过程中，我“以读为本，重视美读”。让美读成为阅读的主心骨。我分别运用了教师示范读、全班齐读、个别朗读、分组诵读等形式，让学生在充分朗读的基础上感受文中的情愫，沉浸入课文中的情感氛围之中。这样的教学环节，切实落实了《语文课程标准》强调的“能用普通话正确、流利、有感情地朗读课文”和古诗文教学“要重视诵读”的要求。

2.回归文本，探究“李词”独特的语言艺术。新语文教育认为，语文教师要有文字敏感，才能称得上优秀的语文教师。可见，语文课，首要的是上成文字课。这一课，所有的教学细节无一不是由文本的文字引发。李清照的“炼字”艺术，成了宋词的一道亮丽的风景，它焕发着非凡的魅力，吸引着我们去探究，去体味、去推敲，去审美。通过这样的 “含英咀华”后，学生便有了许多独特的发现和意外的收获，课堂上也有了许多的亮点。经过了联想、想象、欣赏、怀疑、整合等思维活动，学生发现问题，提出问题，进行合作交流，并在探究的过程中主动地调动积累，寻求解决问题的途径和办法，从而获取知识，习得能力，并促进情感、态度、价值观的转化生成的活动过程。

3.学生为主体的学习意识的突出。这节课的“读悟”环节是教学的重点，我采用模仿中央电视台“艺术人生”的形式，给人耳目一新的感觉，调动了学生的兴趣，激活了他们的思维。把理解作者用词、练句技巧的主动权交给学生，让学生自己读词、想词、品词，拉近读者与作者、文本的距离，更好地进行“对话”。提高学生的鉴赏能力和表达能力，开阔了他们的视野。学生的自主、合作、探究的学习方式得到充分的体现。较好体现了新课标的教学理念，实现了新课标的“三维目标”。

4.正确处理“接受学习”与“探究学习”之间的关系是这节课又一成功之处。在教法运用上，本节课在接受学习中引入探究方法，在探究过程中融进接受学习，从而使传统的“接受性”教学方法与新课程倡导的自主、合作、探究学习方式有机、高效结合起来，优势互补，更好促进学生的发展。

但是，任何艺术都充满了遗憾，诗词鉴赏毕竟是一门很高深的学问，它不是像我们这样浅尝辄止地品析就能达到审美目的。这节课也存在两点遗憾：

1.课堂上，许多地方还是由老师牵着学生的鼻子来完成的，学生由于知识水平有限，发现问题的能力还比较缺乏，在探究上的深度和广度上把握不够好，富有独创性的意见还较少。而教师由于自身的基本功问题，对学生的质疑解难基本能顺利完成，但挑战性太大。

2.这堂课在对学生语文素养的形成上有一定可取之处。但其成功主要是建立在充分的准备基础上的，并不具有普遍的指导性。如何在课堂教学中进一步体现新课程标准，使业务素质参差不齐的广大语文教师在实际教学中都能够有所提高，这才是目前语文课堂教学改革的迫切需求。就这堂课而言，教师讲解部分还是太多，且较多地依赖备课时的预设，新鲜的教学形式与学生实际的学习效果还存在着差距。

（本教学设计获得2006年中国教育学会教学案例评比二等奖）

# 比喻类议论文的审题立意

**学习目标**

1.通过阅读，感悟比喻类议论文审题、立意的方法，写作比喻类的议论文。

2.举一仿三，在面对比喻类议论文题型，学会通过阅读寻找相似点，透过本义感悟比喻义，写作出准确的审题立意的议论文。

**教学过程**

一、阅读历年来全国各地高考比喻类作文简表

| | | |
|---|---|---|
| 2006年广东 | 话题作文 | 雕琢心中的天使 |
| 2006年北京 | 命题作文 | 北京符号 |
| 2007年安徽 | 命题作文 | 提篮春光看妈妈 |
| 2007年上海 | 命题作文 | 必须跨过这道坎 |
| 2009年北京 | 命题作文 | 我有一双隐形的翅膀 |

哪些词语体现它的比喻色彩?

二、感悟比喻类作文的三大特征

1.隐喻性：主要体现在所给的题目往往比较具体、直观，而其外观之内却有着极其丰富的意义。

如2006年“雕琢心中的天使”，“天使”常比喻天真可爱的人，也比喻传播福音的人，即“真、善、美”的化身。

2.象征性：有的题目是从作文材料中提取、概括、抽象出

来的，因此它往往是某一思想或观点的浓缩，具有了象征性。

如2006年《北京符号》是指“能体现文化特征并具有文化传承价值的东西”，即能够象征北京这座城市的建筑、民风民俗、杰出的文艺作品，如北京胡同、天坛、长城、京剧等。

3.立体性：比喻类作文往往由浅入深、由此及彼地不断延伸，因此就比一般的作文多了可挖掘的层面，往往能给考生提供多元的思考角度和立体的创作空间。

如2005年辽宁命题作文“今年花胜去年红”，“花 ”的比喻义相当丰富，可指一种气象、一种生活状况、一种发展趋势。如可以把这种“花”喻指姚明的成长经历，一年比一年成熟。

三、阅读思路导航

题目：12年前，一位教授曾要求他的学生毫无顺序地进入一个宽敞的大礼堂，并独自找个座位坐下。反复几次后，教授发现有的学生总爱坐在前排，有的学生则盲目随意，四处都坐，还有一些学生似乎特别钟情于后面的位置。教授分别记下了他们的名字。12年后，教授公布他的调查结果：爱坐在前排的学生中，成功的比例高于其他两类学生很多。教授语重心长地说：“凡事不是说一定要做得最好、站在最前、永远第一，而是说这种积极向上的心态十分重要。在漫长的人生旅途中，一定要有勇气，永争第一，积极坐在前排呀！” 要求：自定立意，自选文体，自拟题目，写一篇不少于800字的文章。

“坐在生活的前排”，是一种积极进取的生活态度，是一种积极向上、不甘落后的心态。它是“敢为天下先”，它要求我们竭尽所能，去争取尽可能好的成绩，去争取成功。在生活中经常会遇到各种困难，面对困难时你有没有勇敢地面对？坐在生活的前排，这是一种勇气，更是取得成功所必需的一种积极态度。作文中“坐在生活的前排”，实际上就是对敢于争先的积极上进的人生态度的形象的阐释。“前排”可以理解为“第一”“最先”“最好”。

坐在生活的前排，需要的是勇气，是胆识，是毅力；人生难得几回搏，人生就是要有这种敢于“坐前排”精神。立意时一定要抓住这一点，从多角度、多方面来阐述话题所蕴含的意义。一定要结合一些具体典型的事例来阐述，避免内容上的空洞。

四、感悟写作思路

"坐在生活的前排"是什么？

为什么要"坐在生活的前排"（积极意义）？

怎么做才能"坐在生活的前排"？

作文优点评析：

1.结构上——严谨

开门见山巧点题（材料要引入，论点鲜明）

回眸一笑百媚生（首尾呼应）

一水护田将绿绕（例前引入 + 概括事例 + 例后小结）

2.内容上——丰富

为有源头活水来（积累素材）

3.文体上——规范

已识庐山真面目（议论文）

五、本次作文写作存在的误区

1.停于本义、立意肤浅 。

2.撇开题目、泛泛而谈。

3.选材陈旧、抄袭材料。

【阅读】切合、符合题意的角度：

1.积极坐在生活的前排，成就人生。

2.坐在生活的前排，成就自己一片蓝天。

3.坐在生活前排是步往颠峰的催化剂。

4.坐在生活的前排，通往成功之道。

5.积极进取、勇争第一，坐在生活的前排。

6.做生活的勇者，坐在生活的前排。

7.只有不断努力，才能坐在生活的前排。

8.坐在生活的前排是由自己掌控的。

【阅读】 偏离题意的角度：

1.坐在生活的前排，我们不一定是第一名，但我们一定是最坚持不懈的。

2.凡事都得站在最前面，而且心态一定要积极向上。

3.成功的背后，往往有着乐观、自信的心态。

4.人只有热爱生活，才能取得成就。

六、感悟比喻类作文审题、立意的基本方法

第一步：审清题意，确定比喻的本体

1.化虚为实：辩证分析，由此及彼，从找相似点入手，透过比喻义寻找本义。

2.化大为小：本体如是多元的，选取熟悉的角度切入。

第二步：确定论点

1.从“为什么”或“怎样做”的角度确定论点。

2.开门见山，凸显本体句（论点），点题扣题。

第三步：选择材料证明

七、写作练习

1.命题作文：请以“四季都可以鲜花开放”为题，自选角度，自主立意，写一个作文提纲。

第一步：确定比喻的本体

鲜花——成功　　　　　　四季——顺境和逆境

第二步：确定论点

1.人生当中，无论是顺境还是逆境，都可以创造人生的辉煌，让鲜花在四季都可以开放。

2.不管是在优越还是在恶劣的环境中，人都可以做出大成就，让鲜花在四季都可以开放。

3.只要保持一颗平常心，不管在什么时候，鲜花在四季也可以开放。

第三步：选择材料证明

立意举例：

无数人在遭遇人生的寒冬，依然选择顽强地站立。如史铁生、刘伟等。

无论面临何种境遇，都要保持一颗平常心，以平常心面对坎坷、挫折，抑或重大的灾难。如杨光、刘赛。

八、写作练习

材料作文：与但丁、莎士比亚齐名，被称为世界诗坛三大巨匠之一的歌德，享年83岁，就在他逝世前的7个月，才完成了大型歌剧《浮士德》下卷的创作——补写完了难度较大的第四幕，使他的创作生涯达到了自己的巅峰。他的好友爱克曼在问及歌德的创作经验时，歌德只说了一句话：“我的创作好比推一块石头上山，石头不停地滚下来，我又推上去。”歌德的回答非常简单，却给人很多启迪。

请根据上则材料，结合自己的感受和体会，写一个作文提纲。

第一步：提取关键句，找出比喻本体

关键句："我的创作好比推一块石头上山，石头不停地滚下来，我又推上去。"

本体：石头——目标

推石头——百折不挠、坚忍不拔的精神和毅力

第二步：确定论点

歌德成功的秘诀实际上印证了一个普遍的道理：无论做什么事情，想成就一番大事业，没有上山推石头的那股韧劲和毅力，都是不可能成功的。这样推理，论点就可以提炼出来了。

"百折不挠方为英雄本色"

"坚忍不拔才能走向成功"

"人生就是要向自我挑战"

"人生的目标永远在巅峰"

第三步：选择材料证明

立意举例：

1.百折不挠方为英雄本色　（孟非）

2.坚忍不拔才能走向成功　（山德士）

3.人生的目标永远在巅峰　（王皓）

4.人生就是要向自我挑战　（刘赛）

通过"阅读—感悟—写作"后的方法再归纳：

比喻类议论文审题的方法：

1.如果是命题作文，则先找出题目中有比喻性的关键词语；如果是材料作文，则先找出材料中有比喻性的关键句子；

2.推敲关键词句，由此及彼，辩证分析，多角度展开联想，联系人生、社会等，挖掘出关键词句隐含的寓意，确定论点；

3.如果关键词句的寓意是多样的，则选择自己最熟悉的、了解得最透彻、占有素材最多的一点进行作文。

九、作业

2009年北京卷高考作文题：

有一首歌唱道：

我有一双隐形的翅膀，

带我飞，给我希望。

我有一双隐形的翅膀，

带我飞，飞向远方。

请以“我有一双隐形的翅膀”作为题目，写一篇不少于800字的文章。除诗歌外，体裁不限。

审题指导：

阅读题目中关键词是“隐形的翅膀”，感悟它比喻的是人生的希望、志向、信念、毅力，等等。

写作时，可首先确定这“隐形的翅膀”是什么，然后写出这“隐形的翅膀”对我的影响等。写作时特别不能忘了“我”，文章只能写“我”有怎样的“隐形的翅膀”，而不能泛泛而谈。具体构思时，可写作以下内容：

1.“我”有怎样的“隐形的翅膀”；（是什么）

2. 这“隐形的翅膀”对“我”的作用；（为什么）

3.“我”怎样对待这“隐形的翅膀”。（怎样做）

# 梦里花落知多少
## —— 解读古典诗词中的“落花”意象

**教学目标**

1.以“文学沙龙”的形式开展讨论，分析“落花”意象。

2.用“读—悟—写”三步法鉴赏探究“落花”意象。

3.自主归纳鉴赏探究诗歌意象的方法。

**教学重点**

用“读—悟—写”三步法鉴赏探究“落花”意象。

**教学过程**

一、前言

中国的古典诗词博大精深,蕴含深厚。在中国文学史的漫长发展过程中，已形成了一些固定的或者说是约定俗成的意象，了解这些意象无疑对鉴赏古代诗歌、准确捕捉古人所表达的思想情感起到事半功倍的效果。以诗歌的意象为突破口，对之进行多维解读，是鉴赏诗歌的钥匙之一。

二、何为意象

所谓意象，是客观物象经过创作主体独特的情感活动而创造出来的一种艺术形象。就古典诗词而言，诗人所写之“景”、所咏之“物”，即为客观之“象”；而借景所抒之“情”，咏物所言之“志”，即为主观之“意”；“象”与“意”的完美结合，就是“意象”。

三、为何探究“落花”

自然是人类永远的认识对象和审美对象。自然的形式丰富多彩，人类对美的撷取也无穷无尽。山川草木“莫不有性情”。情感与这些形式的遇合，故有意象产生。我国历史上优秀诗词数不胜数，只想撷取其中的一朵奇葩——含有“落花”意象的诗词，探究其中蕴藏的情感。

诗歌是人的思想与情感的浓缩，自然事物经由人物思考而成为诗歌意象，必然打上人类情感的烙印。花在一个春天完成从盛开到凋落的生命周期，提示着四季循环，暗示着时光流逝，这种美丽、短暂、动态的意象，给诗人留下的印象必然更为深刻。综观中国诗歌史，写花开得少，写花落得多。飘零的落花中，弥漫着春光不再、青春不再、美人迟暮的感慨与恐惧。缤纷的落花是中国古典诗歌伤春主题的核心意象。但是，落花并不总是和伤春联系在一起；花是植物美丽的部分，但是，对于植物来说，开花并不是目的，花开花谢只是生存繁衍过程中的自然环节，花开不意味着幸福，花落也不代表忧伤。“落花”意象具有多层面的含义。归纳起来，“落花”意象有这样几层内涵：

四、探究“落花”的三种内涵

（一）把落花作为美丽景物来描写，构成一种优美淡雅的意境。

教师示例：

1.“鲜云媚朱景，芳风散林花”（晋代《子夜四时歌·春歌》）

描写落英缤纷的美景，林花随风飘舞，风中弥散着花香。

2.“鱼戏新荷动，鸟散余花落”（ 南朝诗人谢朓《游东田》）

诗人对落花持欣赏的眼光，我们在落花中读不出丝毫忧伤。

3.“团扇承落花，复持掩余笑”（何逊《苑中见美人》）

美丽女子用遮颜的团扇承接花瓣以为游戏，表现出一种柔美的姿态。

4.“清歌芳树下，妙舞落花中”（张说《侍宴武三思》）

这是为人称道的诗句，飘飞的花瓣和着优美的舞姿，共同成为表现春天美景的因素。

5.“春城无处不飞花”（韩翃《寒食》）

给人的感觉是春风和煦，阳光明媚，各种颜色的花儿在风中轻扬曼舞，美妙极了。

学生探究：

6.“夜来风雨声，花落知多少。”（孟浩然《春晓》）

伴随着风雨之声，落花片片，满地缤纷，可以想见春天的美好和童子的天真烂漫之趣。

7.“花落家童未扫，莺啼山客犹眠。”（王维《田园乐》）

“落花”与“啼鸟”互为映衬,静中有动,声色相宜。落花使诗人心境澄明，体悟悠闲细致的生活情趣 。

8.“落花踏尽游何处，笑入胡姬酒肆中。”（李白《少年行》）

落花中人们纵情游乐，饮酒欢笑，即使引起“盛年不再得，高枝难重攀”的片刻伤感，也用这种及时行乐的方式进行排解。

教师总结:

“落花”是一个过程。它包括了花儿在空中下落时划下的优美弧线、飘动时的微声，还有落花铺在地面上的无声无息的状态。这个动作本身，就能引发丰富的想象，唤起人们的审美愉悦。落花并不是伤感衰颓的象征，而是显示了生生不息的生命情趣，淡定而富于生机。

学生感悟：（现代诗）

无法轻言的爱，跟随落花飞舞，
无数花瓣筑起梦里的宫殿，
看到隐约的背影，却无法看清容颜。
花开了一季又一季，落了一地又一地，
依然傻傻地追着落花里消逝的梦。

（二）面对落花，唏嘘感叹：叹年华易逝，美丽不再。构成了一种凄冷寒凉的意境。

教师示例：

1.“及荣华之未落兮，相下女之可诒”　（屈原《离骚》）

诗人想要趁着花朵未落之时折取下来，物色一个美丽的侍女赠送给她（其实是为了接近她那威严高贵的主人）。此处“荣华未落”比喻容颜未老，“及……”的句式，实际上是“恐美人之迟暮”的另一种说法。诗人委婉地通过对落花的想象，用象征手法，将花与生命联系在一起，表达美人迟暮的忧虑。

2．“花落逐水去，何当顺流还，还亦不复鲜。” （晋《前溪歌》）

花随水一去不返，轻微的叹息声中似乎隐隐传出生命流逝的无奈。流水落花的意象组合，成为中国诗歌最凄美、最伤情的场景之一。

3．“洛阳女儿好颜色，坐见落花长叹息。今年花落颜色改，明年花开复谁在？” （刘希夷的《代悲白头吟》

这是初唐时期吟落花的名篇，也可以说是正式以落花吟咏人生悲哀的开始，此诗以落花为媒介，用优美流畅的语言表表达对年光流转、红颜易老、生命无常的感叹，几乎涵盖了后世落花意象的所有意义。

4．“昨夜闲潭梦落花，可怜春半不还家”（张若虚《春江花月夜》）

作者展示了女主人公迷离梦境的片段：月夜春江，清景无限，她所等待的人迟迟没有归来。美丽的花瓣无声无息飘谢在寂静深潭，梦中的刹那，折射出漫长守望的苍凉、红颜衰老的恐慌。

5．“一片花飞减却春，风飘万点正愁人” （ 杜甫曲江二首》）

东风搅起漫天花雨，似愁情扑面而来，无限春光中陡然生出的衰飒之感，让我们感受到一个伟大朝代无可挽回的倾颓之势。绝大的笔力、凄美的诗句，像是一个信号，不仅暗示大唐盛世的衰落，也标志着中国诗人情绪的彻底转变。

学生探究：

6．“正是江南好风景，落花时节又逢君” （ 杜甫《江南逢李龟年》）

从时代角度而言，他与当年名满京城的音乐家在江南落花中黯然相逢的场面，暗示着对于繁华盛世一去不返的深沉慨叹。杜甫的哀叹成为诗歌中落花意象转折的契机。

7．“流水落花春去也，天上人间。”（李煜《浪淘沙》）

从中可以看出国破家亡之恨，无可奈何之情。

8．“花自飘零水自流，一种相思，两处闲愁。” （李清照《一剪梅》）

抒发了浓浓的郁闷之情，幽幽的相思之苦。

9．“无可奈何花落去，似曾相识燕归来。” （晏殊《浣溪沙》）

美妙的春光、美好的往昔、美丽的生命，都随落花纷飞飘坠；对落花的感慨，可以归结为美丽凋零引起的哀伤。

10．“侬今葬花人笑痴，他年葬侬知是谁？一朝春尽红颜老，花落人亡两不知” （曹雪芹《红楼梦》）

花落已葬，己去谁葬，暗含自己的命运不如落花，道尽心中绵绵的悲苦。

教师总结：

从欣赏落花随风飘转的刹那柔美，到于纷纷扬扬的漫天花瓣中看到衰老，看到死亡，看到眼泪、悲伤、惆怅、哀怨，落花意象走过了这样的发展历程，并最终定格在浓郁的忧伤之中。

学生感悟：（现代诗）

拾不完落下的花瓣，诉不清梦里的情意，
触不及另一个陌生的世界。
梦想总会被现实无情地击碎，
谁都停不下脚步，留不住远去的青春。
谁为谁魂飞魂落，谁为谁伤心流泪，
尘世里谁是谁身边永恒的誓言。

（三）以落花寓意昂扬向上的精神。构成了一种乐观开朗的意境。

学生示例：

1.“落红不是无情物，化作春泥更护花”（清末龚自珍《己亥杂诗》）

龚自珍翻出的异调，发出明朗嘹亮的声音。花落归根化作春泥，孕育新的花朵；“落花”是有情物，自喻自己的无私奉献的精神。

2.“零落成泥碾作尘，只有香如故。”（陆游《咏梅》）

借梅花比喻自己备受摧残的不幸遭遇和不愿同流合污的高尚情操。

教师补充：

3.“花落春常在”（清道光年间考生俞樾）

俞樾在礼部复试，以此句为诗开头，寓意希望在人间。

4.“一陂春水绕花身，花影妖娆各占春，纵被春风吹作雪，绝胜南陌碾成尘。”（王安石《北陂杏花》）

暗寓诗人宁可在与顽固派的斗争中粉身碎骨，也不愿委曲求全同流合污。

教师总结：

别具一格的落花诗,赋予落花别样的意味。“落花”是一种“归根”的静美。诗人从独特的角度刻画了落花的品格,发人深省,充满哲理。将文学作品中关于落花的伤感一扫而空,清新振拔,体现了大学者的气度。

学生感悟：（现代诗）

我的隐忍我的苦心，只化得一句“自怜”。
我也无言， 唯有付之以诗。

我本无须人怜，唯须人懂。

五、你的感悟

如果你是落花，你想对我们说什么心声？请用诗歌的形式写出你的感悟。

六、自主归纳鉴赏探究诗歌意象的方法

1.把握诗歌意象的塑造以及理解意象的深层意义。

2.借助已有的生活经验，在理解意象的基础上，调用个性化的语言，用自己生活的感受描绘意象传达的内涵。

3.读写结合，感悟与写作结合，深化了对诗句的理解和记忆，又能入情入境，更好地体验诗句所描绘的意象，与诗人产生情感上的共鸣。

七、布置作业

继续积累有关“落花”的诗句，特别是近几年的高考题目中隐含“落花”的诗句，好好品味鉴赏。

（本教学设计于2009年获澄海区三等奖）

# 如何阅读鉴赏小说

**教学目标**

1.以“文学沙龙”的形式开展讨论，自主鉴赏分析小说。

2.用“读—悟—写—读”四步法鉴赏分析小说，即在阅读中感悟，在感悟中写作，在写作中阅读。

3.结合文体特征，自主归纳鉴赏分析小说的方法。

**教学重点**

用“读—悟—写—读”四步法鉴赏分析小说，即在阅读中感悟，在感悟中写作，在写作中阅读。

**教学过程**

一、文学沙龙

“沙龙”是法语Salon一词的音译，原指法国上层人物住宅中的豪华会客厅。十七世纪，巴黎的名人（多半是名媛贵妇）常把客厅变成著名的社交场所。进出者，每为戏剧家、小说家、诗人、音乐家、画家、评论家、哲学家和政治家等。他们志趣相投，汇聚一堂，一边呷着饮料，欣赏典雅的音乐，一边就共同感兴趣的各种问题促膝长谈，无拘无束。后来，人们便把这种形式的聚会叫作“沙龙”，并风靡于欧美各国文化界，十九世纪是它的鼎盛时期。

二、考点解读

略。

三、鉴赏名著

请选择自己最喜欢的一部名著进行阅读，并以《我最喜欢的一部名著》为题写一篇800字的读后感。

1.读《追风筝的人》有感 / 妙聪

2.我最喜欢的一部名著 / 林欢

3.片段赏析：读《小王子》有感 / 梓妍

4.追逐的背影——读《情人》有感 / 张志杰

5.《麦田里的守望者》读后感 / 林佳

6.人生百态，各得其所——读余华的《活着》有感 / 刘雪华

四、牛刀再试

鉴赏分析小说《喂自己影子吃饭的人》，全班分成五个小组，分别从人物、情节、环境、主题、语言五个方面赏析小说。

要求：写成大约250字的短文。

五、自主设计问题

1.文中的细节描写起到什么作用？（思练）

2.文中结尾为何以马里诺想着明天去哪表演“幻术”为结尾，揭示了当时什么样的社会环境？（朱治）

3.文章中贵族们明知道主人公是骗子，为何还要给他食物？主人公是骗子吗？（文广）

4.小说描绘了一个怎样的主人公形象？（广才）

5.文章写“马里诺面朝窗子坐下来，茫然失神地凝望着沉睡中城市的屋脊，琢磨着明天该去哪里表演他的奇迹……”有何作用？为什么说城市是沉睡的呢？（文曼）

六、链接高考——2013全国卷

1. 下列对小说有关内容的分析和概括，最恰当的两项是

A. 马里诺说影子是有独立生命的实际存在，是让观众相信他对影子的研究成果，也表明他的表演技艺的高超。

B. 马里诺离开饭店前，请客人上前搜身，以证明他没有带走任何物品，

这表明他品行端正，爱惜自己的名声。

C. 马里诺谢幕时，有人发出“幻术玩够了，来点音乐”的呼声，这呼声暗示客人们看穿了幻术，需要更多的娱乐节目刺激。

D. 马里诺穿过花园时，遭到了警察的威胁和警告，表明马里诺的影子表演缺乏新意，已经让警察感到厌烦了。

E. 小说对马里诺在家中茫然失神状态的描写，真实地反映了一个江湖艺人的现实生活，表达了作者对这类人物的同情。

（A、E）

2. “影子”对小说的艺术表现有什么作用？请简要分析。

答案：①通过奇特形象的塑造，营造作品的神秘氛围，激发读者的阅读兴趣。②通过影子逼真神妙的表演，表现主人公幻术技艺的高超。③通过制造故事悬念，为后文揭示事实真相埋下伏笔。

3. 小说主人公马里诺这一形象有哪些特点？请简要分析。

答案：①演艺精湛：能说会道，善于捕捉观众心理，赋予无声的影子以独立的生命。②地位卑微：人前强颜欢笑，依靠表演取悦观众，却遭观众厌弃和警察驱逐。③忍辱负重：为养家糊口而奔走卖艺，却只能独自忍受精神的孤独和痛苦。

4. 小说前半部分侧重写马里诺的影子表演，后半部分侧重写马里诺的现实生活。作者这样安排有什么用意？请结合全文，谈谈你的看法。

答案：①小说以马里诺影子表演的玄妙神秘与他在现实生活的平淡无奇相对比，赋予故事情节以戏剧性，有助于吸引读者阅读。②小说以前半部分影子表演的热闹有趣，与后半部分马里诺现实生活的凄凉孤独相对比，有助于增强小说的悲剧感。③小说以马里诺在观众面前谈笑风生与在家里的茫然失神相对比，有助于深入刻画他性格的复杂性。④小说以影子的虚幻与现实生活的真实相对比，有助于增强作品反映现实的力度，表达了作者对底层人民的同情和对社会的批判。

七、我们的方法

1.鉴赏故事情节

（1）找出线索，厘清情节的来龙去脉；

（2）由事见人，看情节发展如何为人物塑造服务；

（3）见微知著，从细节描写分析情节对表现主题的意义；

（4）赏析技巧，注意发现作者组织情节的艺术匠心。

2.鉴赏人物形象

（1）从人物的语言、行动和心理描写来分析人物；

（2）从作者对人物的介绍和评价来把握人物；

（3）从人物活动的社会历史背景来理解人物；

（4）从多种不同的角度对人物作面面观。

3.鉴赏环境描写

（1）分析环境对小说氛围的创造；

（2）分析环境对人物形象的烘托；

（3）分析环境对小说情节的推动；

（4）分析环境对主题思想的暗示。

4.主题的鉴赏

（1）从作者背景看主题；

（2）从人物塑造看主题；

（3）从情节发展看主题；

（4）从语言的情感色彩看主题。

5.鉴赏语言

（1）注意鉴赏人物语言的个性特色；

（2）注意鉴赏作品中的表达技巧 ；

（3）注意鉴赏作者运用语言的风格。

八、布置作业：阅读《乌米》，从情节、人物、环境、主题、语言五个方面写一篇读后感，字数800字。

# 巧用新闻素材

**一、教学设想**

1.指导思想：《新课程标准》关于作文教学部分的要求是，学生学会多角度观察生活，能够围绕中心选取材料，并且多角度分析积累的素材；对自然、社会和人生有自己的感受和思考。

2.学情分析：本班学生的实际情况是：最初，学生写作的议论文空洞，大部分学生习作中只有道理论据而缺少事实论据，可谓巧妇难为无米之炊，经过采用观看《拍案惊奇》《说事拉理》等节目和每天一位学生课前报道新闻等方式积累素材，学生已掌握了一些论据。但是，仍然有一部分学生在规定时间内无法写出一篇论据充分的文章，有的习作中只有一个论据，有的论据不切合观点。究其原因是对已有积累的新闻素材不会运用，不能够迅速准确地围绕中心进行选材，不知道将一个素材多角度使用以丰富自己的素材库。

3.采取对策：本教案设计尝试采用“阅读—感悟—写作”的作文教学模式，旨在引导学生阅读国内外新闻，搜集整理使之成为作文素材的同时，注重指导学生能够对积累的新闻素材进行多角度的分析评价,寻找材料与话题的“契合点”，感悟素材的内涵，进行写作，把新闻素材巧妙运用到作文中，以实现作文“高效课堂教学”的目的。

二、教学目标

1.知识与技能目标：阅读国内外新闻，多角度地分析评价，巧妙运用到作文中。

2.过程与方法目标：能通过总结出的方法进行实践，把一则新闻材料多角度、恰当地应用于多个话题之中，提高学生写作水平。

3.情感态度与价值观：认识到一则材料多角度的、恰当的应用于多个作文话题中的重要性。

三、教学重点

对新闻素材进行多角度的分析评价并巧妙运用到多个作文话题中。

四、教学方法

讨论分析法。

五、课时安排：

1课时。

六、教学过程

1.针对高考作文存在的问题进行简单分析，引导学生关注生活，阅读国内外新闻。

2.全班分成三个小组，搜集国内外新闻，小组长负责收集，进行比较和挑选，选出最有代表性的三则。

3.教师引导：教师引导学生阅读第一则新闻并进行评价分析，以达到感悟的目的，再进行片段写作。

李刚门

记者25日从河北省保定市公安局获悉，河北大学“校园车祸”一案，已由保定市公安局指定望都县公安局管辖。10月24日，犯罪嫌疑人李启铭因涉嫌交通肇事犯罪被望都县人民检察院依法批准逮捕。

警方调查确认：肇事者李启铭，男，22岁，系保定某单位实习生。10月16日晚9时40分许，李启铭酒后驾驶黑色迈腾轿车在河北大学新校区生活区，将两名女生陈某、张某撞伤。事故发生后，李启铭仍驾车继续行驶，在男生宿舍附近掉头原路返回至学校门口时，被保安和学生扣留。撞人的李启铭说："看把我的车剐的""我爸是李刚，有本事你去告去啊"。

接到报警，保定市公安交警支队二大队民警迅即赶赴现场调查处置，在依法扣留肇事车辆、行驶证及李启铭驾驶执照的同时，迅速组织抢救伤者。经对李启铭采血检测，鉴定为醉酒驾驶。警方称，目前，伤者陈某因抢救无效死亡，张某病情稳定，无生命危险。

教师分析：

第一步：阅读新闻。这则新闻素材提供给我们很多信息，请同学们把新闻里的主要信息用笔圈画并大声朗读出来。

第二步：感悟评价。我们可以从多个角度进行感悟评价，提炼有代表性的观点。例如：

角度一：李启铭酒后驾驶黑色迈腾轿车在河北大学新校区生活区，将两名女生陈某、张某撞伤。事故发生后，李启铭仍驾车继续行驶—— 特权阶级对人生命的漠视。

角度二：撞人的李启铭说："看把我的车剐的""我爸是李刚，有本事你去告去啊"。——权力产生的巨大力量令人可怕；"炫爹拼爸"折射出价值观和人生观的贬值。

角度三：10月24日，犯罪嫌疑人李启铭因涉嫌交通肇事犯罪被望都县人民检察院依法批准逮捕——"执法必严，违法必究"。

角度四："李刚门"的深层原因——教育的缺失导致道德的缺失。

第三步：进行写作。如何巧用材料来证明观点，让观点和材料统一起来？

解答：引入观点 + 概括事例 + 分析总结。

教师示例：引入观点（自恃权势，凸现道德的缺失）。概括事例（2010年10月16日，河北大学发生一起车祸，导致两位女学生一死一伤。肇事者李启铭事发后对倒地的女生视若无睹，面对众人的谴责更是说出"我爸是李刚"的言语来恐吓在场的群众。原来李刚是当地某一公安局的副局长）。分析总结（这个"官二代"，自恃天之骄子，以为普天之下，他老子就是王法。闯祸了就由老子顶着，着实令人愤怒；权力产生的巨大力量，着实令人可怕。其实，不管你是谁，你并没有高人一等；不管你有多大的权势，也不能凌驾于法律之上。自恃权势，漠视生命，凸现的是道德的缺失。一个人，不管你出身有多高贵，如果没有道德底线，你就是一个可悲的人，必将受到社会的唾弃）。

4.小组讨论：教师引导学生采用以上方法，分组讨论分析第二则新闻：

16岁盲女捡垃圾攒钱 为环保捐出一半积蓄

16岁的李梦轶老家在四川安岳县，7岁多时，视网膜色素变性，眼睛渐渐看不清东西，只剩下微弱的光感。在她很小的时候，爸爸就去世了，不幸的小梦轶和妹妹只好跟妈妈相依为命。“虽然不幸，但不能不上学。”听说重庆有所专门的盲校，2002年，妈妈带着小梦轶从老家来到重庆求学。因没有文化和技能，只能靠捡垃圾维持生活。

生活虽然有好心人资助，但李梦轶很想要一台学英语的学习机，以后想当英语老师。为了买到学习机，小梦轶决定自己努力，暑假跟妈妈一起捡垃圾攒钱。一个暑假下来，她攒了21元，她准备把这钱存起来，存够400元后，就去买个学习机。但今年9月27日，学校举行“绿化长江 重庆行动”的捐款仪式，李梦轶犹豫了好久，从自己的存款里郑重地取出10元交给了老师。老师非常感动，问她：“小梦轶，你为什么捐这么多？”她说：“我虽然看不到长江，但我经常能听见长江的声音，我喜欢长江。在我心中，长江是绿色的，希望她变得更绿。”

小组分析：

第一步：阅读新闻，圈画出重要信息，仔细朗读。

第二步：感悟分析。请各个小组成员进行讨论，分享各自的心得感悟，并派代表发言。注意从多个角度分析，分别针对新闻的不同角度形成观点，并说明理由，由浅入深把握问题的实质。小组发言如下：

角度一：“虽然不幸，但不能不上学。”听说重庆有所专门的盲校，2002年，妈妈带着小梦轶从老家来到重庆求学。因没有文化和技能，只能靠捡垃圾维持生活——身残志坚，自强不息。

角度二：但今年9月27日，学校举行“绿化长江 重庆行动”的捐款仪式，李梦轶犹豫了好久，从自己的存款里郑重地取出10元交给了老师。——绿色环保，人人有责；奉献爱心，收获尊重。

角度三：“我虽然看不到长江，但我经常能听见长江的声音，我喜欢长江。在我心中，长江是绿色的，希望她变得更绿。”——黑暗中，永不放弃理想的憧憬和追求。

第三步：进行写作。巧用材料证明观点。教师展示学生事先写好的习作并进行评价。

学生习作：（人生旅途总是充满坎坷。）（十六岁的盲女李梦轶老家在四川安岳县，7岁多时，视网膜色素变性，眼睛渐渐看不清东西，只剩下微弱的光感。在她很小的时候，爸爸就去世了，不幸的小梦轶和妹妹只好跟妈妈相依为命。李梦轶虽然家中贫困，但是她热爱学习，她喜欢英语，梦想是买一台英语学习机，将来当一名英语老师。为了买到学习机，小梦轶决定自己努力，暑假跟妈妈一起捡垃圾攒钱。一个暑假下来，她攒了21元，她准备把这钱存起来，存够400元后，就去买个学习机。她整个暑假都和妈妈一起捡垃圾攒钱。她并没有埋怨社会对她的不公，在今年9月27日，学校举行“绿化长江重庆行动”的捐款仪式，李梦轶犹豫了好久，从自己的存款里郑重地取出10元交给了老师。)（李梦轶是我们学习的榜样。有的人，受到一点小挫折就想要放弃生命。而小梦轶呢？她热爱生命、热爱生活，即使生活给她带来了不幸，她也要笑对生活。）

教师评价：这篇习作有例前的观点，也能举例并进行论证。但是，引入的观点太大太笼统，可以修改为：“身残志坚，自强不息。”这样比较有针对性。中间的举例太长，可以进行概括。结尾的总结没有照应开头，表述的观点模糊。

教师修改：（身残志坚，自强不息。）（十六岁的盲女李梦轶虽然家中贫困，但是她热爱学习，她喜欢英语，梦想是买一台英语学习机，将来当一名英语老师。为了实现梦想，她整个暑假都和妈妈一起捡垃圾攒钱。她并没有埋怨社会对她的不公，相反，为了环保事业，她把她捡垃圾的一半钱捐了出来。）（身残志坚，自强不息李梦轶是我们学习的榜样。有的人，受到一点小挫折就想要放弃生命。而小梦轶呢？她热爱生命、热爱生活，即使生活给她带来了不幸，她依然自强不息，创造了生命的奇迹。）

5.个人评价：教师引导学生阅读分析第三则新闻：

罗塞夫当选巴西首位女总统

新华网巴西利亚10月31日电　巴西最高选举法院31日晚宣布，根据已统计完毕的93.25%的选票，来自执政党劳工党的候选人迪尔玛·罗塞夫获得55.43%的选票，已成功当选巴西总统。

罗塞夫于1947年出生在巴西米纳斯吉拉斯州首府贝洛奥里藏特一个中产阶级家庭，父亲佩德罗·罗塞夫是保加利亚移民，母亲迪尔玛·哈内·席尔瓦是土生土长的巴西人。罗塞夫是一名经济学家，她从来没有正式竞选公职的经验。不过，罗塞夫对政治并不陌生。19岁时，向往社会主义制度的罗塞夫就参加了地下党和游击队，和卢拉等劳工党高级政治家一起，反对当时巴西的军事独裁统治。罗塞夫有过3年的牢狱生涯。媒体还曾广泛报道在监狱中罗塞夫受到酷刑，但始终没有向独裁统治投降。2009年罗塞夫做了一次癌症手术，切除了左臂上的一个肉瘤。当时已经传出她可能会被任命为总统候选人的消息，反对党还曾质疑她的身体是否足以胜任总统竞选。不过罗塞夫每次出现在公众面前的时候都是面带微笑，显得颇为自信。

个人评价：

第一步：阅读新闻。圈画出你认为重要的信息并朗读出来。

第二步：感悟分析。请独立思考，运用以上所学的方法从多个角度对新闻进行分析，形成各个不同的观点。学生自由发言：

角度一：19岁时，向往社会主义制度的罗塞夫就参加了地下党和游击队，和卢拉等劳工党高级政治家一起，反对当时巴西的军事独裁统治。——坚持正义，反对独裁。

角度二：罗塞夫有过3年的牢狱生涯。媒体还曾广泛报道在监狱中罗塞夫受到酷刑，但始终没有向独裁统治投降。——顽强不屈，宁死不降。

角度三：2009年罗塞夫做了一次癌症手术，反对党还曾质疑她的身体是否足以胜任总统竞选。不过罗塞夫每次出现在公众面前的时候都是面带微笑，显得颇为自信。——乐观自信是战胜一切的法宝；坚强不屈铸就神话。

第三步：进行写作。请当堂完成一段小作文，根据“引入观点+概括事例+分析总结”的格式，结合上述观点材料写作。教师巡视，选择优秀的作品进行表扬点评。

优秀习作：（乐观自信是战胜一切的法宝。）（迪尔玛·罗塞夫历尽磨难，终于成功当选巴西总统。为了反对当时巴西的军事独裁统治，罗塞夫曾有过3年的牢狱生涯，在监狱中饱受酷刑，但她始终没有向独裁统治投降。2009年罗塞夫做了一次癌症手术，不过罗塞夫没有沮丧沉沦 。相反，她每次出现在公众面前的时候都是面带微笑。）（可见，乐观自信是战胜一切的法宝。每个人的一生，总难免遭受困难和挫折，只要我们能像罗塞夫一样始终保持乐观自信，那就没有跨不过的坎。请相信：长风破浪会有时，直挂云帆济沧海！）

教师评价：这篇习作比较优秀。能够巧妙选取一个角度对新闻素材进行分析论证。观点鲜明，举例恰当，首尾呼应，结构完整。能起到较好的示范作用。

6.真题体验：近三年广东高考作文题目回顾。

请学生思考：如何在考场上随机应变，巧妙运用积累的新闻素材举例论证？（学生讨论，自由发言，教师整理。）

例如：2008年《不要轻易说不》适合事例：

盲女李梦轶、巴西女总统罗塞夫（逆境中不轻易说不，自强不息。）

2009年《常识》适合事例：

李刚门（醉酒不能驾车是常识、撞死人要负责任是常识）。

盲女李梦轶、巴西女总统罗塞夫（有身体缺陷好像就“自卑颓废”是常识，但偏偏却有人活得更精彩）。

2010年《与你为邻》适合事例：

李刚门（与狂妄的“官二代”为邻，是百姓的不幸）。

盲女李梦轶、巴西女总统罗塞夫（与自强不息的盲女、总统为邻，我们引以为傲并汲取精神力量）。

教师总结：只要懂得巧妙运用，一则新闻素材可以适用于多个作文话题中，只要切入的角度正确，论证恰当。

7.教师总结，提出建议。

①阅读新闻素材，从不同角度进行多感悟、深发掘、巧调整、再创造。尽量往不同的话题上“拉一拉、靠一靠，甚至扭一扭”。

②针对不同论题，准确选取新闻素材和作文立意的“契合点”进行写作。有目的地，重点地突出已知材料中的某个方面。

③多角度,多侧面,多变通；善概括,善提炼,善精选。

**七、布置作业**

请以2012年广东高考作文题目，选择上述二则新闻写成一篇议论文，字数不少于800字。

# 如何立体化解读散文

**教学目的：**

分析学生考场错误题例，帮助学生掌握立体化解读散文的方法。

**教学重点：**

准确分析错误题例存在的问题，拓展学生的答题思路并构建方法框架。

**教学过程：**

一、考纲解读

2018年高考散文阅读考试大纲：

阅读鉴赏散文，应注重价值判断和审美体验，感受形象，品味语言，领悟内涵，分析艺术表现力，理解作品反映的社会生活和情感世界，探索作品蕴含的民族心理和人文精神。

二、考情分析

在近几次模拟考试中，在散文阅读的板块中，学生的得分率比较低，主要存在以下几个问题：

第一，思维平面化，角度单一，要点不全。未能从立体化对散文进行全面解读，理解层次较低，只从一个角度思考问题，未能深入把握文章的深刻内涵。

第二，未能抓住题干关键词审清题意。不少考生未能理解题目的指向，未能从概述内容，分析感情，分析文章的结构思路等角度考虑。

第三，套路僵化。如照搬以前小说的答题模式从人物、情节、环境、语言、结构、主题等角度分析。

第四，思维混乱，分析牵强。如胡乱套用术语，生拉硬扯，脱离文本，忽视文本的特征。

三、考题重现

2018年普通高等学校招生全国统一考试仿真试卷三

阅读散文《城市里的菜地》，回答问题：

6. 文章以“城市里的菜地”为标题，可后半部分用了较大的篇幅在写“母亲”与菜地，这样写有什么作用？请结合全文进行分析。

四、考例分析

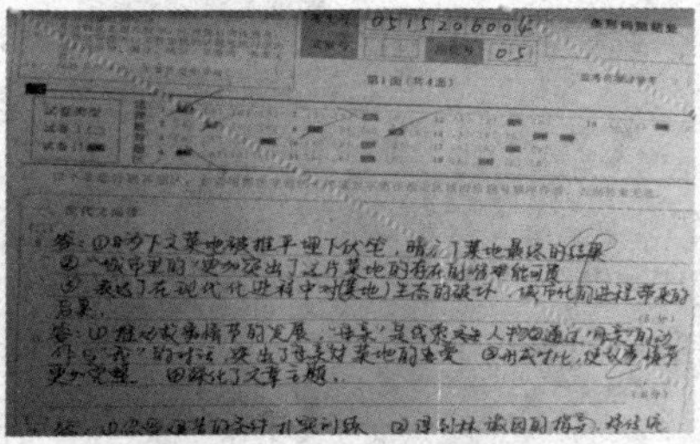

存在问题：套用小说答题模式，线索、对比说法不恰当。

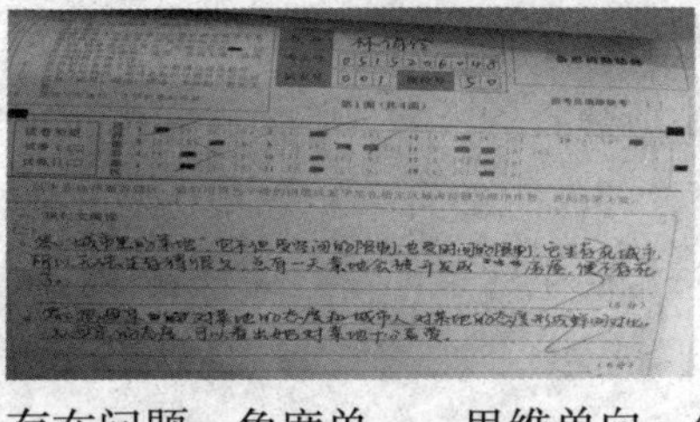

存在问题：角度单一，思维单向，分析平面化。

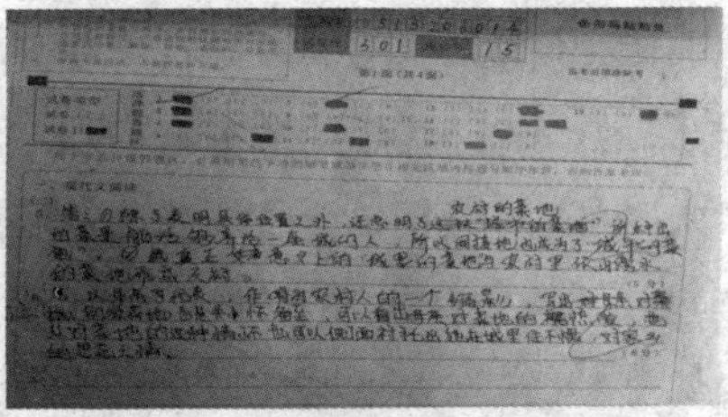

存在问题：没有分点，分析平面化，主题把握不准确。

五、如何立体化解读散文

1. 析内容。

阅读散文，必须掌握记叙的要素，即时间、地点、人物、事件，通过分析人物形象和事件的演变性质来理解作品的思想内容。可以说，对人物、事件理解得越深，对文章中心思想就挖掘得越透，概括得越准。

考题分析

以考题为例，我们在解读题目之前，应该先把散文的内容进行概括分析。本文主要围绕城市里的菜地展开故事，从我和母亲对菜地的态度，表达对菜地的深情。再结合题目分析，应该从作者安排这个内容的作用入手，思考作者在谋篇布局时，故意安排母亲的情节，不会是随随便便，而是出自文章内容更丰富的考虑。因为文中的“我”的身份是城里人，我对土地的审视看法难免片面，加上母亲作为农村人的身份来审视，两种身份两个角度相互映衬补充，让文章的内容丰富深刻许多。

答案参考示例

丰富了文章的内容。前半部分写了“我”作为城里人对菜地的发现和审视，后半部分写“母亲”作为农村人对菜地的审视，使文章的内容更为丰富。

2. 析主题。

散文着重在人物的描写、事件的记叙中融注作者深切而独特的情感，表现作者的生活感受，作者的喜怒哀乐都包含在字里行间。因此，阅读时，首先要把握住作者的感情脉搏，挖掘作品中所蕴含的哲理。作者在文中所抒发的情感，往往是作者对生活的高度认识，即思想的升华。它传达着作者的心声，给人以启迪，仔细品味，都富有一定的生活哲理，这就是散文的主题，也是散文的灵魂。

考题分析

以考题为例，这篇散文，选材细小独特，角度不同寻常。选取了在高楼林立、车水马龙的城市里唯独存在的一块菜地，本身就与城市格格不入。何况菜地本来应该在农村，与青山绿水相伴，但它偏偏存在于经济高速发展，城市用地岌岌可危的城市，它的未来的命运已经不言而喻。我作为一个从农村来城里的人，因为对农村的依恋和回忆，因此喜欢上菜地，把它当成一道城市里的风景欣赏。而作为土生土长的劳动人民的母亲，她对菜地的感情又岂止是一道风景，她是把菜地当成了一个人生的舞台，她在菜地劳动，倾注了深情，收获了快乐。正因为此，最后菜地的被消亡碾压，更深化了散文的主题，更具有震撼人心的悲剧色彩。也引起我们现代人的反思：在经济发展和保护自然的矛盾中，我们该如何妥善处理？

答案参考示例

深化了作品的主题。“我”是“把一片菜地当成风景看了”，“母亲”则把菜地当作自己劳动的对象，把蔬菜当作自己劳动的成果，对菜地倾注了满腔的热情。

3. 析结构。

散文的结构是指作者行文思路的外在表现，指作品的整体构思（谋篇布局）、行文线索以及段落间（各个部分和各个方面之间）的关系与安排。

文章在结构上有三种层次关系。

第一种是相承，它包括承接关系和递进关系，通常表现为：由叙事到议论或抒情，由写景到议论或抒情。

第二种是相并，包括并列关系和对照关系，通常有并列式、对比式等。

第三种是相属，包括总分关系和分总关系。

考题分析

以考题为例，这篇散文的谋篇布局，主要采用了并列式和递进式兼有的结构方式来组织全文。我和母亲，一个是城里人，一个是农村人；一个从物质的角度来看待菜地，认为菜地是“养活了一个城市的胃”，一个从精神的角度来看待菜地，认为菜地是人的精神寄托和心灵港湾，表面上是并列，实际上是递进，这两者的关系是相辅相成的，通过多角度多层次，引导读者的思维向纵深发展，使文结构严谨，完整匀称，体现了立体化的特点，符合民族文化的心理，增添了审美的深度和趣味。

答案参考示例

多角度描写多层次解读，使文章结构呈现出多面立体的特点。前半部分是从城里人的视角描写，后半部分是从农村人的视角描写；“我”是从物质层面看待菜地，“母亲”是从精神层面感知菜地，这样就使文章给人多层面的审美趣味。

六、反思启示

1.散文的阅读在2018年的考纲中位置重要，不容忽视。要构建好快速阅读散文的方法框架。

2.如何立体化地解读散文，有很多方法，而从析内容、析主题、析结构三个维度入手，无疑是最快捷、最主要的方法。

3.解题时，以问题的关键词为突破口，以三维立体化的方法为钥匙，层层深入，多角度多层次进行逻辑思维，理解作品反映的社会生活和情感世界，探索作品蕴涵的民族心理和人文精神。

（本教学设计获得第三届粤东微课大赛一等奖）

# 文本细读例说

**教学目标：**1.细读文本，以言揣意，鉴赏人物形象。
2.掌握文本细读的方法。

**教学重点：**细读文本，以言揣意，鉴赏人物形象。

**课时安排：**一课时。

**教学过程：**

一、引入概念

文本细读指的是从接受主体的文学理念出发，对文学文本细腻地、深入地、真切地感知、阐释和分析的模式和程序。

引导学生进行文本细读，目的是帮助学生养成细读的习惯和能力，学会用文学专业的方式面对文学文本，感受它，领会它，理解它，独立地对它作出判断。下面，以粤教版《唐宋散文选读》中苏轼所写的古代散文《方山子传》为例，细说文本细读的方法。

二、具体方法

（一）悬念处：悬念，就是在文章的某一部份（可以在开头，也可以在中间）设置一个疑问，把读者的心给“悬”起来，使其对后文的情节产生揣测、猜疑、紧张、担忧、渴望、期待等一系列心理反应，也就是激起读者读下去的兴趣。因为悬念是兴趣不断地向前延伸和欲知后事如何的迫切要求，所以在文本的悬念处进行细读，就能收到对文本深入了解的艺术效果。

例如：方山子身上最能打动苏轼的是他的“异”，那么你认为方山子到底有哪些“异”呢？

①年少有大志，成年醉心书香，晚年毅然归隐。一生经历与常人不同。

②宁居陋室，弃车马，毁冠服，也要读书人的气节。精神追求与常人不同。

③不贪慕名利，与世相对隔绝，交往态度与常人不同。

④家境优渥，与常人不同。

（二）矛盾处：矛盾，即冲突，是一种对立的关系。“文似看山不喜平”，不少文章，在一些细节中被作者写得那么复杂、那么曲折，不断有矛盾的出现及矛盾的解决，才使文章充满生活情趣和厚重的蕴味。在看似相互矛盾的地方，引导学生在矛盾处进行细读，可以更深入地理解文章背后隐藏的深刻意义。文章中的矛盾处主要有三种：语义矛盾、笔法矛盾、情节矛盾。

例如：方山子的家中是真的很贫穷吗？他为什么皆弃不取，独来穷山中？

实际上，方山子并不贫穷。（世有勋阀、园宅壮丽、与公侯等；河北有田、岁得帛千匹，亦足以富乐。）

正是因为方山子超凡脱俗，追求心性的自由，在山水中陶冶性灵，追求宁静淡泊的人生意境，才能皆弃不取，过庵居蔬食，环堵萧然的生活。

（三）空白处：空白，即留白。古往今来，很多优秀的文学作品往往运用双关、借代、隐喻、象征等修辞手法，使作品具有隐晦性、多义性，形成很多空白之处，能达到此处无声胜有声的艺术效果。文学作品的空白处包括语法、语义、结构和意境等方面的空白，这些空白是引发学生细读的关键之处。含不尽之意于言外，具有丰富的潜台词。

例如：你如何理解方山子在听了苏轼的遭遇后，“俯而不答”，沉默好久，然后才“仰而笑”的情态？

①俯而不答：是通过对苏轼遭遇的联想而对自身遭遇的思考，不缺失意，却也不缺释然，是对作者的同情，也是对年少自己的默然。

②仰而笑：是对世俗的看破，对现实的看淡，对一切的释然，也隐含对世俗的嘲笑。

（四）波澜处：波澜也就是文章的起伏变化。文章的波澜是读者的一种心理反应。我们说文章有没有波澜，最终要看能不能在读者心里激起波澜，是不是让读者牵肠挂肚，是不是出乎读者意料，是不是让读者感到惊喜，是不是让读者扼腕叹息。对波澜处进行细读，就必须研究作者心理，探究其情感的波澜或结构的波澜。

例如：苏轼对于方山子的“异”，内心是否起了波澜？主要体现在文中哪里？如何解读背后的内涵？（4个问句）

1.何为而在此？（担心）

2.而岂山中之人哉？（理解）

3.此岂无得而然哉？（赞扬）

4.方山子傥见之乎？（知音）

（五）共鸣处：共鸣，是由别人的某种情绪引起相同的情绪。共鸣是文学鉴赏活动中较为常见的情感体验现象，在对文学作品进行广泛阅读的过程中，读者能够在作品中感受到主人公的形象以及作者所要表达的思想情感，并且这些情感会深深地影响到读者。巧妙引导读者对共鸣处进行细读，能让读者的情感产生共鸣，让读者能够真正进入作者所营造的世界中，获得良好的情感体验完成文学鉴赏的活动。

例如：请你代表苏轼，以老友的身份，写几句话给方山子，以求共勉。

学生：何处无路可达志，但留虞心守抱负，出头之日终会至，何计来日之早晚。浊世显达，远不如清寂安逸。

学生：同是天涯沦落人，空一身抱负，一腔报国情，然世负于我等才华，唯有笑看之。千金难买一知己，逢君即是吾之荣幸。不如一醉，共赴胜境。

学生：人生得一知己足矣，有幸与君相识，无憾。同是天涯沦落人，帝不知尔而吾知，帝不知吾而尔知，足矣。邀吾与尔共饮朝露，共享自然。

三、总结方法

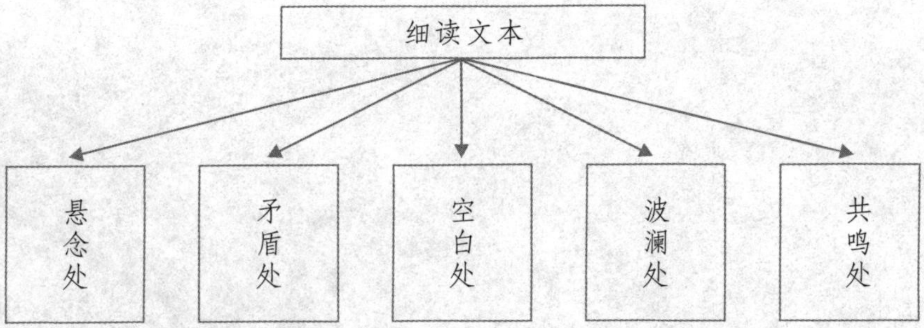

四、布置作业

请用文本细读的方法解读《小石城山记》。

1. 悬念处：作者已是成年人，为何还要模仿小孩，在洞中投以小石？（被贬的无聊无奈）

2. 矛盾处：小石城山无土壤怎么能生嘉树美箭？（作者益奇而坚）

3. 空白处：作者疑造物者之有无久矣，及是，愈以为诚有。作者在这里究竟隐藏了什么难言之隐？（被贬痛楚，自我安慰）

4. 波澜处：作者认为“是二者，余未信之。”那么此处，作者再起波澜，他到底相信什么？（相信一切自有安排，关键是自我心志坚定不改，穷且弥坚）

5. 共鸣处：小石城山更千百年不得一售其伎，是固劳而无用，这在作者心中产生了什么共鸣？（由物及人，联想自己，相同遭遇）

（本教学设计获得第四届粤东微课大赛二等奖）

# 《哦，香雪》教学设计

**教学目标：**

1. 语言建构与运用：引导学生快速浏览文本，把握小说三因素，提高语言文字敏感度，培养赏析小说的审美习惯。

2. 思维发展与提升：通过自主、合作、探究，品味生动的细节，培养学生从不同角度赏析小说的逻辑思维。

3. 审美鉴赏与创造：通过细节感知人物身上洋溢的青春美，形成正确的审美意识，并尝试表现美、创造美。

4. 文化传承与发展：通过把握小说的青春美的主题，引导学生提升自身的精神品质。

**教学重点：**

1. 通过品味生动细节，培养从不同角度赏析小说的方法。

2. 通过细节感知人物的青春美，并尝试表现美、创造美。

**教学方法：**自主感知法、分组讨论法、引导点拨法。

**教学过程：**

语文新课程标准:

通过小说阅读教学和实践,发展学生的阅读能力、理解能力、想象能力和沟通能力,提高学生的文学素养,使学生具备较强的文字运用能力、情感鉴赏能力及社会实践能力。

一、走近铁凝

铁凝，1957年出生于北京。曾任河北省作家协会主席，中国作家协会副主席，2006年当选中国作家协会主席。

作品曾6次获包括“鲁迅文学奖”在内的国家级文学奖；小说、散文获各大文学期刊奖30余项。2015年获法国文学艺术骑士勋章。编剧的电影《哦，香雪》获第41届柏林国际电影节大奖及中国电影“金鸡奖”“百花奖”。

二、泛读

请用一个关键词来形容你初读小说的感受。

学生：感动、温馨、励志……

环境+人物+情节=小说

·小说是以什么为背景的？

·主要描写了哪些人物？

·主要通过哪几个故事情节表现的呢？

背景：一个位于北方大山深处的偏僻小山村——台儿沟。

人物：一群淳朴、善良但性格迥异的山村少女。

情节：1. 姑娘们对“北京话”的议论。

2. 姑娘们与旅客做生意。

3. 香雪渴望有一个铅笔盒。

4. 香雪夜走三十里路得到心爱的铅笔盒。

三、精读

分组赏析小说中最打动你的细节是什么？（人物、情节、环境），写成鉴赏小论文，字数200字左右。（小组互相点评）

示例1——人物（锴珠）

小说最打动我的是人物。塑造了一群天真、活泼、朴实的山村姑娘的形象。而香雪作为主人公，她是一位十七岁的女孩子，台儿沟唯一的初中生，她天真无邪，淳朴善良，坚毅执着，渴求科学文化，渴望摆脱贫困，向往未来。当其他人注重物品需求时，香雪更注重的是精神需求，也是因为这，她才成为第一个对山外世界有认识的姑娘，她坚信：知识就是力量。

示例2——人物（秋钰）

小说最打动人的是香雪。通过香雪与他人的对比，体现出香雪的与众不同。“凤娇”外露，“香雪”内敛，作者着意刻画香雪对知识的渴望，为这位山村姑娘增添了一层清新脱俗，积极向上的光彩。从香雪对“带磁铁的泡沫塑料铅笔盒”的执着，体现了香雪清纯中透出了刚毅。

① 凤娇——忙着看头饰、手表，和“北京话”做买卖。她注意到的不是妇女头上的金圈子，就是比指甲油盖还小的手表。总是用鸡蛋、红枣等土产换回自己喜爱的发卡、纱巾，甚至花色繁多的尼龙丝袜。（追求物质）

② 香雪——注意的是车厢里的学生书包；打听北京的大学、配乐诗朗诵、铅笔盒，渴望交换铅笔盒。（追求精神）

思考：香雪为什么会有和其他女孩子不同的追求呢？

因为香雪是她们全村唯一的初中生，文化知识和文化追求使她与其他姑娘的问题和物品需求都不一样，也正是这样，原本胆小的她才能第一个登上火车，第一个走出这个山村，第一个对山外的世界有了认识，比别人的追求更高，显得比别人更勇敢，更突出。

示例3——人物（思曼）

小说中最打动我的细节是香雪在黑暗的夜晚独自走回台儿沟的心理描写。作者通过对四周环境的变化描写，从对父母、自身的思考多角度刻画。一路上夹杂着害怕和兴奋，与香雪的处境一同变化，周围环境也随着香雪的心理变换色调，呈现出一种扣人心弦的画面感，同时通过心理描写，丰富了人物的形象，深化了主题。

香雪形象：外貌：美丽清纯

内心：更是一个美丽的世界

纯真无邪、渴求进取

淳朴自尊、坚毅执着

示例4—— 情节（芝媚）

小说最打动我的是情节。香雪为了得到铅笔盒，毅然踏进了火车，甘愿被父母责怪，一个人摸黑走了三十里路，这对一个平时话不多且胆子小的女孩，是需要很大的勇气的。铅笔盒正像是照明灯，照亮她追求文明、知识的道路，这一情节，塑造了香雪渴望知识、积极向上的美丽形象。

示例5—— 情节（海琪）

小说最打动我的是情节。当热情的“北京话”告诉香雪自己的爱人有个亲戚住在站上，此处直截了当地揭示了“北京话”已有爱人的事实，情节突然反转，香雪替凤娇委屈，也突出香雪仗义善良的品质，揭示了农村女孩自尊自爱的品质，扣人心弦，深化主题，令人回味无穷

示例6——环境（泽芸）

小说最打动我的是环境。

1.“它和它的十几户乡亲……”渲染台儿沟的偏僻，贫穷，落后，山民安于现状，闭塞。

2.第76段中“她环视群山……”为人物活动提供了背景，烘托了人物的内心活动，惟妙惟肖地表现了人物的心理变化过程。

3.第77段中“小溪的歌高昂起来……”，衬托了香雪此时兴奋的心情，在经历了黑暗的恐惧之后，她对前面的路充满自信，心情也随着好起来。

自然环境描写的作用：

①自身的、独立的审美价值：表现地域风光，提示时间、季节和环境特点；

②渲染气氛，为后边刻画人物作铺垫；

③烘托人物性格，或某种心理；

④展开、推动情节发展；

⑤深化主旨；

⑥象征和暗示。

【总结小说主题】

《哦，香雪》写的是一列火车经过小山村台儿沟时，带给以香雪为代表的一群山村少女的种种冲击。写出了改革开放后，中国农村从历史的阴影下走出，摆脱封闭、愚昧和落后，走向开放、文明与进步的痛苦与喜悦。作者对未来寄予了希望，同时也留下了对时代现实的严峻思考。

四、品读

赏析题目《哦，香雪》的内涵及妙处。

示例1：标题清新可人，富有诗意。铺开情节，呼应细节，紧扣中心，突出主题，渲染氛围，形成悬念。（秀佳）

示例2：哦，这一字可表感叹，表达出以香雪为代表的台儿沟姑娘们对山外文明的追求，对改变山村落后生活的迫切。也可表达作者对香雪勇于追求的赞叹。暗示主题，引起读者阅读兴趣。（镁景）

示例3：点题，贯穿全文，引起读者兴趣，“香雪”似香，缥缈；似雪，洁白。富有诗意，与文章的风格相符。（溢洵）

示例4：ó：哦，表示惊奇，香雪真是一个执着的女孩子啊！ò：哦，表示明白、领会，明白香雪原来是这样一个执着的女孩子（王冰）

【深化延伸】请你用抒情化的口吻对香雪说一句心里话：可以“哦，香雪，你……”为开头。

如"哦，香雪，你真勇敢，为了一只普通的文具盒，你毅然登上火车，以至步行三十里夜路回家。你也有羞涩、害怕，但你香雪，一想到家乡未来，你那强烈的自尊心和坚定的信念终于使你克服恐惧，作出了村里前无古人的壮举。"

五、写读

某电视台准备举行"励志青春达人"的评比大赛，如果你是评委，请为香雪写一段推荐语。

示例1：哦，多么执着勇敢的香雪，她可以为了所向往的生活而克服困难追求美好；哦，多么单纯善良的香雪，她可以净化那些山外文明生活中的人的复杂心灵；哦，多么坚强积极的香雪，她可以激励那些对生活失去希望的人重新产生对幸福的向往。（芝媚）

示例2：她是顶着万钧巨石破芽而出的小草；她是迎着风浪勇敢飞翔的海燕；她是突破重茧获得重生的蝴蝶！即使身处山村，她依旧怀有梦想，勇敢追求知识，追求文明，追求不一样的世界！她就是励志青春达人——香雪（镁景）

示例3：凤凰鸣矣，于彼高岗；梧桐生矣，于彼朝阳。古老的大山，淳朴的山村，人杰地灵，孕育出一位自尊自强，淳朴执着，积极上进的女孩，她用自己的努力与汗水化成自己通向飞向成功的翅膀。她是当之无愧的"励志青春达人"——香雪。（王冰）

六、拓展

在你读过的文学作品中，还有哪个"香雪"也曾打动过你？

示例1：沈从文《边城》中的翠翠。翠翠和香雪一样都是大山里的纯真的女孩，有着淳朴的人性美，香雪追求知识和平等，翠翠渴望爱情，但翠翠没能像香雪一样勇敢地去追求。（镁景）

示例2：废名《竹林的故事》中的三姑娘。①纯真善良的心灵美。她纯真的气质和智慧具有威慑邪念的力量，把青年学生的心灵净化。②勤劳能干的行为美。在她的操持下，林里的竹子，园里的菜，一天一天绿得可爱 。（泽芸）

示例3：雨果《悲惨世界》中的芳汀，与"香雪"一样，芳汀本就意味着纯洁美好的意思。芳汀是一个女工，有着漂亮的金色长发。单纯善良的她爱上了一名贵族青年，有了他的骨肉后惨遭抛弃，开始了悲惨的生活。最后无奈沦落为妓女，病死在床上。芳汀的灵魂是高洁美好的，她有着和香雪一样坚强自尊的品质，只是被社会压迫，才沦落致死。（海琪）

七、课后作业：品味小说散文化语言的美和清新风格。

"一口气读完你的小说，心里有说不出的愉快。这篇小说，从头到尾都是诗，它是一泻千里的，始终一致的。这是一首纯净的诗，即是清泉。它所经过的地方，也都是纯净的境界……” ——孙犁 《谈铁凝〈哦，香雪〉》

八、总结提升：

鉴赏小说的方法：

1. 分析人物、情节、环境三要素，把握主题。

2. 品味小说中的细节描写，挖掘内涵。

3. 文本细读——以言揣意，以言激思，以文赏美，以文悟道。

九、教师心语：

香气四溢敢为梦想千里追寻，
雪飘万里甘为初心破茧成蝶。

（本教学设计是澄海中学举行的“林诗铨名师工作室”汇报课）

人海心花

RENHAIXINHUA

历史的长河静静地流入我的身体
成为我的生命我的历史我不朽的信仰

心

# 农村女人三部曲

岁月如歌，女人如歌，在广袤的黄土地上，传唱不衰，创造奇迹。 ——引子

## 女人是岸

在那遥远的时代，女人的名字叫作弱者。媒妁之言，父母之命，女人在豆蔻年华的少女时远嫁他乡，从此安分守己，辛勤劳作，相夫教子，逆来顺受。如果不是列强的侵略，战争的爆发，时局的动荡，女人也许永远不懂思念的滋味。可是，为了生计，为了逃避战乱，当男人驾着一艘艘红头船漂洋过海时，女人成了一道道空空的岸。女人从此独挑家庭的重担，从此独自照顾起年迈的双亲和稚嫩的婴孩。天亮了，女人挺起单薄的腰杆在田野间挥汗如雨；夜深了，女人蜷缩着身子在黑暗中凄凉垂泪。

我的奶奶就是这些女人中的典型。在二十世纪四十年代，19岁的她遵从父母之命嫁给爷爷，与爷爷相濡以沫只有五载，在产下父亲和姑母后，从此独守空房，开始了一生漫长的等待。爷爷当时就读于黄埔军校，因为时局的动荡和一些我无从知道的原因而选择乘坐红头船，远赴重洋漂流到泰国且一去不复返，撇下了年轻的奶奶和一双幼儿。从此所有家庭重担压在奶奶身上；从此年轻的奶奶在岁月的侵蚀和漫长的等待中一点

点苍老；从此奶奶成了永远守望的岸。

而在我们村庄，奶奶并不孤单。因为那时的村庄里，还有好多好多和她相同命运的女人。农暇时，她们说着共同的相思，做着共同的团圆梦，她们手牵着手，筑起一道道守望的岸。任凭沧海桑田，任凭风霜侵袭，岸屹立不倒，书写着坚强与不屈！书写着爱情的忠贞与女人的伟大！解读这些岸的故事，有谁能不为之动容？有谁能不为之震撼？

## 女人是水

时光的脚步来到二十世纪六十年代。农村女人的地位稍稍有点提高。女人虽然可以上学堂，可经常因为家里贫穷而中途辍学。女人开始没日没夜跟随父母在黄土地上耕耘，可吃的依然难以下咽，穿的依然难抵严寒。女人在辛苦的劳作之余，唯一可以安慰的，是田间偷偷结下的恋情。只要男方身体强壮，勤劳朴实，女人的父母也就同意，不在乎男方家里是否贫穷。因为贫穷，原就是那个时代农村的代名词。女人怀揣着梦想与心爱男人开始新的征途。可是贫穷的折磨，生活的压力，早已把当年的浪漫感觉消磨干净。男人开始喝酒，开始赌博，开始动手打女人，以发泄对生活的失望和不满。谁叫女人的名字叫作弱者呢？谁叫女人天生地逆来顺受呢？真的还得深深感谢邓小平同志的改革开放，不仅给农村的经济带来了翻天覆地的变化，也给农村的精神文明带来了强烈的震荡！女人开始露出了发自内心的微笑，女人开始享受多劳多得的待遇，女人开始挺起腰板对家庭暴力说“不”！真的，从六十年代到现在，农村中这些勤劳朴素、坚韧顽强、能屈能伸的家庭妇女，总让我感觉女人是水！因为水的悠远绵长；因为水的刚强韧性；因为水的宽容博大！

这总让我想起母亲。母亲在我们三姐弟中，永远如水般的感觉。她忍受着家庭的沉重压力；忍受着奶奶的体弱多病；忍受着暴躁父亲的怒火；忍受着我们的调皮捣蛋；依然一如继往地默默奉献自己的青春与精力，帮助父亲撑起曾经风雨飘摇的家，不离不弃，无怨无悔！母亲最让我们感动和尊敬的，是没上过几天学堂的她清楚意识到“知识改变女人命运”的重要性，勒紧腰带，省吃俭用，供我和姐姐读完大学并一起走上神圣的讲台为人师表。真的，没有母亲如水般的呵护与支持，就没有我和姐姐的今天。

而在改革开放的新农村中，崇尚知识，崇尚科学的新女性比比皆是。她们辛勤耕耘，挥洒汗水，把一批批儿女送出农村送进大学。儿女的成就就是她们最大的骄傲！她们厚德载物，悠悠流淌，环绕着美丽的村庄，奏响快乐奉献的交响乐！

## 女人是船

因为有了岸的守望，因为有了水的引导，女人让自己成了船。船的性格写满勇敢与挑战；船的征途注定辛酸与不凡；船的幸福源于突破与创造；船的归宿烙上美丽与智慧！是新时代的召唤，是改革的春风吹拂，让女人敢为人先，勇于探索，奋发有为，义无返顾，选择了船。在各行各业，在每个工作岗位，到处都有女人忙碌的身影，到处都有船儿奋斗的航迹！因为她们的血液，流淌着祖祖辈辈的韧性和坚强；因为她们的气质，烙上了红头船敢冲敢拼的印痕！作为八十年代农村的新女性，女人不满足于过去的相夫教子，时代赋予她更高的追求目标。女人以女性特有的柔美、坚韧迎接着挑战，女人与男性并驾齐驱，女人将名字写进光荣榜，高唱一曲“巾帼不让须眉”；作为妻子与母亲，女人为使丈夫在事业上能全身心地拼搏奋斗，主动承担起家庭的重担，用她那柔弱的身体将一切打理得井井有条，解除丈夫的后顾之忧。尤其是那些军嫂、警嫂们，更是用她们无私的爱默默地付出着，以她们博大的胸襟，支持丈夫去完成维护社会稳定、世界和平的光荣使命。这就是女人，平凡、伟大、博爱是她们的写照，她们将美丽与智慧集于一身，世界因她们的存在而精彩！不管社会变革大潮的冲荡，在家庭与就业的双重压力下，女人也许曾经哭过，可女人不是弱者，女人并没有向坎坷的命运妥协。无论是再就业市场上四处求职的她，还是在商场中奋勇搏杀的她；无论是承担起家庭重担的她，还是被男人无情刺伤的她，都不是弱者！面对坎坷面对考验，她擦干眼泪，昂起头，笑对一切。我知道因为她是船，船的追求在于远方的彼岸；船的理想在于快乐的奉献；船的境界在于无悔的选择和强大的自信！

我知道我也是一艘航行在大海中的小船。怀揣着党赐予的力量，怀揣着母亲殷切的叮咛，怀揣着少女浪漫的梦想，我从韩山师范学院毕业，来到了东里中学，踏上了神圣的讲台，开始了漫长的教书育人的征程！在滚滚红尘里，在物欲横流的社会，我不追求能桃李满天下，不追求能像春蚕“到死丝方尽”，不追求功与名利与禄！我只追求当一名受学生欢迎的语文教师，我只追求以文学与莘莘学子心灵交汇，我只追求笔耕不辍真情不断一生无悔，我只追求能继续编织我人生路上的七彩花环。我只渴望我的生命能波澜壮阔海纳百川；我只渴望能厚德载物绽放异彩；我只渴望能投身于改革的滚滚浪潮；我只渴望在平凡的岗位奉献青春与热血；我只企求，能传播爱心与光明；我只企求，能挥洒美丽与智慧；我只企求，守护着故乡的山山水水；我只企求，生命不留下丝毫的遗憾。我只祈祷，让农村贫瘠的精神荒原鲜花开放；我只祈祷，让迷路的小孩心灯点亮；我只祈祷，弹拨汕头的悠扬激荡的旋律；我只祈祷，放飞一只只追寻理想的白鸽！于是，我收获了真诚，收获了尊重，收获了自信；我的学生在高考中名列榜首喜讯频传，我的散文诗歌相继在《汕头特区晚报》《澄海报》等报刊发表，我被评为“澄海区优秀教师”“汕头市教学改革先进教师”……因为是船，我能在洪涛巨浪中依然坚守一方净土；因为是船，我能在风沙过处依然屹立成长空里的那只“不死鸟”，吐露我储蓄多年的芬芳，撒播我粉笔下的白色精灵，唱响我不屈灵魂的生命之歌。真的，我只想撑一艘“红头船”，在激流中奋进，为学海的彼岸铸造神话。我只怕辜负了党的栽培之恩，只怕辜负了母亲的嘱托，只怕辜负了“人民教师”这一沉甸甸的称号！

满载着绿色的希望，红色的梦想，光辉的改革开放，一路高歌，走过40周年！在这神圣的日子里，请允许我道一声深情的感谢！感谢党的改革开放政策，为我们创造了和平安定，繁荣昌盛的社会环境；感谢母亲，为我的鲜血注入了“自尊自强、快乐奉献”的灵魂；感谢老师们，默默耕耘，呕心沥血，共同铸造学海的神话；感谢所有的女性，在建设文化强市和幸福汕头的伟大事业中做出了伟大的贡献，推动了社会经济文明和精神文明的蓬勃发展！没有对祖国、对党的无比热爱，何谈奉献？没有对“女性”这一神圣使命的肩负，何谈奉献？没有对生命的敬畏和珍惜，何谈奉献？你让我讴歌“改革开放40周年”的变化，我们家三代女人的蜕变故事，不就是最好的证明吗？而我们家只是一个小缩影，在改革的洪流中，大千世界，芸芸众生，有太多家庭，有太多故事，无不诉说着一个个伟大的传奇。真的，我没有多少豪言壮语来歌颂我们的改革开放，我只是在蓝蓝的碧空下，在缓缓流淌的韩江边，说出我最真实的心里话，道出我的感恩之情。泰戈尔说，“愿生如夏花般灿烂，愿死如秋叶般静美。”每一个默默奉献的女性都如夏花般灿烂，而我，是其中最不起眼的一朵！

历史的长河静静地流入我的身体，成为我的生命我的历史我不朽的信仰！歌在河里诗在河里希望也在河里。我知道再也用不着对伟大的祖国说感谢了，我的生命正虔诚地答复着这个感谢，印证着这个感谢，践行着这个感谢！女人是岸，坚守着一世的承诺：女人是水，流淌着一生的希望；女人是船，自尊自信、自立自强、奉献自己、铸造神话！我只想以这朴素的《农村女人三部曲》，献给生我养我的母亲，献给改革开放40周年！献给我可爱的祖国！

# 感受大海

许多年了，我的心中，总藏着那片海，那片湛蓝无比、诗情万种的海，以及海边的乐、海边的泪、海边的痛、海边的悟……

那时，我倚在车窗，一阵风不知从哪个方向吹来，吹散我的长长的柔发。看发丝飞散，我的心底，某根弦也正悄悄拨动，一如紫红色的花瓣飘落……当我正想细数那残红时，一个声音告诉我，到了！我们到达东山岛了！——我随着人流，茫茫然走在小路上，你说，等一下你就可以看到你的心海了！

远远地，我听到一阵不知名的音乐响起，似一支风掠长林之歌；似一曲鹰击长空之歌，那样地熟悉，那样地缥缈，就像童年的摇篮曲，夹着一股咸咸的热浪，慢慢地、悄悄地侵进我的每一寸肌肤。当我为之惶恐时——大海，就这样毫无保留地、一尘不染地把它最美丽的外壳，送给了我；送给了它那魂牵梦萦的女儿！哦！我心中的海！你是否忘记五千年前与我的约定，你是否记起你浪迹天涯的女儿？！我原就是一朵洁净的、蓝色的小浪花啊！哦，我心中的海，你记起我了吗？记起那个曾经弃你而去，去追寻外面天空的丫头吗？！如今，风尘仆仆、疲意不堪的小女儿回来了，你认得我吗？！——我扑倒在沙滩上，让翻卷而来的浪花漫过我厚重的身躯：让它为我洗涤厚积在心房的尘埃……你跑来，喊道“你疯了”，一把从水中提起我。我挣脱你的手，又奔向大海。大海是善解人意的，不是吗？此刻，它正倾尽其所有，为它的游子，展露最温柔的怀抱。阳光软软地照射着海浪；海浪软软地吻着我；我软软地陶醉着…… 一艘白色的、挂着高高桅杆的大汽船从海的这边驰向彼岸，那头锐的汽笛鸣叫声，呼唤着另一艘又从容地驶去，但是，“过尽千帆皆不是”，我伤感地远眺。在海天相接的水平线上，一点点小黑影忽高忽低，像跳跃的音符，在欢乐地起舞着。海浪告诉我，那就是海鸥了。我虽然听不到它们的鸣叫，但我知道它们比我快乐。我的心被强烈地刺痛了！

夜幕降临，在小旅馆里，大家神采飞扬，在舞厅里翩翩起舞。我独坐在舞池边，冷冷地看着这“热闹的世界”。“热闹是他们的，但我没有”。心底总有一个声音在轻轻呼唤，是什么？我痛苦地追寻着。不知何时，你出现了，你叹了口气，又坚定地说：“走吧？”我毫不犹豫地点点头，跟着你逃离小旅馆，我知道你也感应到那声音了。人力车慢慢从那古朴、静谧的渔村碾过，许久，你说：“到了！”立刻，一种熟悉的气息又把我包围，我睁开眼，惊奇地发觉，海竟又展现在我眼前了！原来，那个声音是你的，我心中的海！你割舍不下我，就像我无法割舍你一样。我又听到海湾的呼唤了！我的心泪，就那样悄无声息地飘降在夜幕下黝黑的海里，为什么而哭！我不知道……你察觉了，长长叹了口气，悠悠地说：“海，就像一朵傲视风雪、自强不息地开在山野的花，悄然地完成自己平淡却丰富的一生。你是海的女儿，你该懂它的心事。”我的心在夜风中颤动，我听到一个“蓝色的瓶子”破碎的声音，我迷茫地看着海。在这渺无人烟、寂寞无边的夜，海没有因为孤独而停止生命追求，没有因为失意而放弃心灵的企盼，依然那样执着，从容镇定地奔流。因为它坚信，明天的太阳依然升起，明天的海水依然那样湛蓝。而我呢？！——于是，在那个月黑风高的海边，我在“菩提树”下顿悟。破解了人生的真谛！以后的路，我懂得怎样去善待生命；以后的路，我以海赐予我的气质、去面对一切黑色的挑战；以后的路，我学会就算没有你，也要快乐地啜饮思念的甘露；以后的路，我让心灵的翅膀从身体长出，去飞翔、去高歌……只是啊只是，我心中的海，今夜你可否入梦来？

（本文于2002年7月发表在《澄海报》）

# 又见街头樱花开

每天，穿梭于川流不息的车流，我让自己的思絮飘飘荡荡，游离于这个古老城镇的每一个角落，激不起我心湖丝毫的涟漪，激不起我半点的诗情，那久违的巨片“飞灰”，张牙舞爪，多次从不同方向向我扑来，我躲闪着、抗拒着，它仍是轻而易举地把我俘虏，用它那阴森森的微笑拥抱着我——这巨片的“飞灰”啊，你的背后是什么？！于是，我开始逃窜，我的心鸟一次次飞向蓝天下那朵孤独的白云身旁，我愿意让它托着我，听我一次次的痛哭淋漓；抑或一次次的狂笑不已……直到——直到——又见街头樱花开！

那绿蝴蝶般的叶子簇拥下，朵朵“樱花”姿态万千，袅袅娜娜，如一群红衣少女，醉态可掬地浅卧在绿波中，几许娇柔？几许情牵？于是时光一下子倒流如一条缓缓的小溪，在那溪的尽头，我仿佛又看到那个快乐的小女孩正在樱花树下跳跃着，捡起片片的落红，装入充满梦幻的小背包！而小女孩的妈妈就在远处弯着腰，帮她的小女儿拾起这片片红得令人心碎的“落红”！“妈妈，它们是樱花的眼泪吗？”“傻孩子，樱花不会哭，哪来的眼泪？‘落红不是无情物，化作春泥更护花’你懂吗？”小女孩吟咏着这两句诗句，似懂非懂，但在她固执的想法里:“落红”仍是樱花的眼泪，所以她要把它们捡起，为它们建造一个“荒冢”，祭奠它们!

又见樱花开！又见落红飘！那片片随风翻滚的“红泪”，

把那腔难以解脱的愁怀，透过冷冷的北风，丝丝缕缕传递给我，把我从云端拉下，跌坐在其中，涩涩地品尝着这近乎撕裂近乎痛楚的花瓣雨！母亲，您这伟大预言家！此刻，你看到满地的落红吗？你听见一个孤独的灵魂跋涉于沙漠中找寻不到驼队凄厉的哭声吗？——你听不到的！因为此刻你正躺在医院的病床接受手术！一场意外令您的右手折断，血流了多少滴，就有多少片“落红”飘落在我的心房！母亲，那时我说那是樱花的眼泪，您总说不是，但今天，这片片“落红”不正是我的心泪吗？！——终于明白此刻，是什么令我陷入巨片“飞灰”中，原来，是您，我那温柔、善良的母亲！

不想说我们姐弟仨如何令您呕心沥血；单是您那瘦弱的病体，就多次折磨得您痛苦不堪。但是，而对这一切黑色“挑战”，你凭着中国传统妇女的坚韧、勤劳、朴实，化解这重重困难，你瘦削的双肩，为我们遮挡了多少风风雨雨？！从没一句怨言，从没一声叹息。您给我们印象最深而又受益终生的一句话是“人穷志不穷”。于是，虽历经家中变故，在那艰难的岁月里，您仍坚强地挺直腰板，和父亲辛辛苦苦地支撑起这个风雨飘摇的家，走过一路辛酸，终见天边彩虹！于是，虽历经坎坎坷坷，我们几只小船，却从未让您丢脸，因为我们身上，流淌着您那善良正直、磊落坦荡的心血啊！一直以来，正是在亲情的呵护、母爱的沐浴下，才令我在经历了一次次挫折一场场变故中又倔强地站起来！永远不能忘怀，在那身心疲惫、精神几近崩溃的感情大变故中，回到家的港湾，我把自己封闭在一个绝望的空间。是母亲，张开那日渐苍老但仍顽强有力的“翅膀”，把她那伤痕累累的女儿拥入怀中，用她那绵密的爱意，宽容的胸襟接纳我，为我筑起一座“心灵长城”。岁月的车子悠悠碾过。我们姐弟仨都已成家立业了，只是每个人都忙于各自的事业、家庭，虽然时常为陈红的《常回家看看》感动，但谁都很少回家去照看两位老人。特别是我，本来离家最近，本该时常去承欢膝下，但总因一些小事而一再推迟。那一个清晨，当我还在睡梦中惊闻那个不幸的消息时，我狂奔回家，把母亲载到医院。经过一番折腾，缝了八针，止住了血，但由于疏忽致使她两根手筋断了仍未察觉。庆幸的是，手术进行得非常成功。第二天晚上当我匆匆赶到医院时，看见她手上缠满绷布。眼泪不禁又夺眶而出，她反而笑笑说:“你这丫头，总是这么喜欢掉泪，我不是挺好吗？只要你们都平安，我多受点痛算什么？！”

又见樱花开！又见落红飘！开得灿烂如霞，落得悲壮激越！我终于领悟母亲那句“落红不是无情物，化作春泥更护花”的真正内涵了！母亲啊，这片片“落红”中，哪一片将会是多年后的您？！我好想对天底下所有母亲说一句一直想说的话：母爱！伟大！

（本文于2003年3月26日发表在《澄海报》）

# 张家界，我的咖啡之旅

从张家界归来已近半月，我总让一份情把我牵挂。该如何用我笨拙的笔来勾勒你神秘的容颜呢？于是，在今夜，我且把你慢慢煮成一壶浓浓的咖啡，再让自己赤足浸入幽香的玫瑰花浴中，悠悠然开始我的品尝，直到……　　——引子

## 第一杯：千年讲坛

拾级登上岳麓书院，我很清楚我正被一种虔诚、静默、肃然的书卷气包围。千年以来，岳麓书院一直是以儒家文化胜地而名传宇内：千年以来，岳麓书院的命运，一直跟文化学术的命运紧紧联系在一起；千年以来，岳麓书院的故事是无数的学子共同谱写，共同传唱的。从公元976年朱洞创立书院并讲学开始，已约有40位大师登坛讲学，他们所建立的文化底色是社会生活最辉煌的底色；而如同文化的不朽一样，他们的名字也将永垂不朽。在所有登坛讲学的大师中，被传为千年佳话的是公元1167年，著名理学家朱熹登坛讲学，并与张忧同台论讲。走进书院，我见到了当年两位大师的“默契见证”——《登岳麓赫曦台联句》：“泛舟长沙诸，振策湘山岑。烟云变幻化，宇宙穷高深。怀古壮士志，忧时君子心。寄言尘中客，莽苍谁能寻。”吟咏此千古佳句，漫步在苍郁的庭院内，耳畔隐隐约约有“谈笑风生”传来。是历代大师在讲学吧？他们究

竟讲了什么？讨论了什么？争辩了什么？星移物换，风升风落，静默如时间老人的书院啊，你究竟记载了多少追求与血泪？虽然没有刀光剑影，但那一颗颗跳动不息的心，交织成的，又是怎样的一幕幕令漂泊的旅人止步不前，凝思不已的历史图卷？感谢你，我心中敬仰的书院，是你令我想起了许多的人，许多的事，想起文化的激流与暗流；想起历史的喧腾与沉寂。我舒展开我所有干枯了的心灵触角，一瓣一瓣伸入书院的深处，企求浸润一点点先哲之光。从此后，我能够自由地开放如那山野悬崖边的百合；从此后，我的飘逸，我的空灵，有了根的土壤。

## 第二杯：奇洞迷情

“遥远的东方有一条龙……”在第三天午后，我们到达了天下第一奇洞——黄龙洞。黄龙洞距武陵源区城东5公里，早享有“中华最佳洞府，天下第一奇观”之盛誉。导游介绍说黄龙洞内有上下五层，分两层水洞与三层旱洞，错落相通。洞中支洞迭列，结构错综复杂，展布两区县，总长度可望进入三十公里以上世界超级长洞之列。现已探明有13个大厅，96条走廊，3处瀑布，一条阴河，总面积5万平方米。进入迂回曲折的洞里，只见五颜六色的灯光辉映，千奇百怪的石钟乳岩，正向游客展露它最美丽的“喀斯特”容颜。我不知自已，为何每到一处岩洞，总无法面对这些沉睡的岩石。我发觉自己极怕和她们眼光碰撞，和她们心灵对话。是因为我读懂了她们尘封的石的心事吗？原来，从坚硬中流泻出来的柔情啊，竟有股令人无法抗拒而又如此摄人心魄的力量！不是吗？你看这幽幽的山洞幽幽的河；幽幽的奇石幽幽的心；它们亘古不变，望穿秋水，是为了等待谁呢？是为了赴千年之约还是为了一句不经意的诺言？又有谁能真正读懂这悠悠奇石心呢？才明白，那条冰冷的阴河，许是她们旧梦难圆的眼泪！才令我，如此心旌摇荡，凄然涕下！

## 第三杯：飞入苍茫

“众里寻她千百度，蓦然回首，那人却在灯火阑珊处”。

我知道，其实我这六天之旅，最为心动的就是游览张家界的奇山雾海。从很小的时候，我就固执认为，没有云雾缭绕的山不是真正的山，而张家界，将会带我领略真正的山的内涵。于是，第四天的早上，在雨点的狂乱抚慰下，我终于走进我的梦境——黄石寨。黄石寨位于张家界风景区的核心景区，平均海拔1100米，总面积16.5公顷。因相传张良之师黄石公曾居于此修道而得名。它是张家界峰林中最大的凌空观景台，“张家界顶有神仙”是朱镕基总理 2001年4月5日视察张家界后留下的赞誉诗句。游览黄石寨，千姿百态，雄伟壮丽，气象万千的大峰林将尽收眼底，因此它被称为“放大的盆景，缩小的境”，故素有“不上黄石寨，枉到张家界”之美誉。在山下眺望，果见水雾共处，气质非凡，不禁令人心弛神往。当高空缆车带着我们缓缓向山顶滑进，我有“飞”似的软绵绵的感觉。而韩红的《天亮了》总是在心底低低回旋。在同伴的惊呼声中我们终于登上海拔1100米高的山顶。当群峰慷慨地展露它们优美的丰姿时，我不得不感叹天工造物的别出心裁和鬼斧神工。横空出世的山峰，不连冈以自高，不托势以自远；奇柱怪石为骨，奇花异木为肉，云云雾雾为衣；没有车马喧闹，没有红尘纷扰；洁洁净净的一方天地，朝晖夕阴气象万千。如果说绿是画的本色，那奇石危崖便是画的精灵。黄石寨行，处处可读惊心动魄的画意，或天门中断、双峰并峙，露出一线青天：或石壁如屏，藏起几多奥秘：或石园岩穴，生烟喷雾；或石笋林立，指向碧宵……南天一柱，天书宝匣，雾海神龟、千里相会……一方方石造就了一个个美丽的传说；一个个美丽传说又令一方方石焕发出诱人的灵性。雨让云雾益发加重，雨又让黄石寨的陡媚俊丽的容颜全笼罩在吞吞吐吐缭缭绕绕的乳白色中。虽然我已告诫自己不必怅惘、失落，但我仍然强烈地渴望自己能心生彩翼，飘入云海苍茫中，因你的奇美放飞自己；因你的宽容审视自己。而当我撑着雨伞，跳跃在那曲折回旋的金鞭溪，溪水如镜，我心如镜。有土家歌谣从远处唱起：“浴着绿色的乘风，披着绿色暮霭，我们来自五洲四海，我们跋涉，跋涉在张家界。古岁月永远，永远的足迹；大自然神奇、神奇的风采；让地球陷入沉思，向人类呼唤真爱。”有山的地方就有水；有水的地方就有歌；有歌的地方就有情……那一刻，我只想化成山间的一滴绿，一滴能听懂大自然的风风雨雨，悲欢离合的一滴绿，融化进这张家界的山山水水草草木木云云雾雾之中，只愿长醉不愿醒！

## 后记

烟雨蒙蒙，烟雾茫茫！当黎明悄悄叩响我爬满紫藤萝的窗棂，我竟已沉醉在我的“咖啡之旅”而忘记归路。才顿悟，那黑色的“咖啡”软软柔柔，早已旋转成一个黑色的湖。不管春花秋月，不管冬雪夏风，有一只白蝴蝶，总是翩翩飞翔于湖心，只因有梦！

（本文于2005年1月发表在《汕头特区晚报》）

# 云南印象

忘不了石林的沧桑古朴；
忘不了大理的风花雪月；
忘不了丽江的小桥流水；
多少个日夜，我都梦见云南那条消失的地平线。

——引子

## 沧桑石林

一直渴望去云南，美丽得像梦一样的云南，对我来说是一个遥远的精神家园，是一个灵魂皈依的地方。我听说那里的青草会跳舞；我听说那里的石头会说话；我听说那里的水和云一起流；我听说那里的神灵常和老乡一起喝酒。走进云南，就是走进了恣意悠闲的假日，俗世的一切，都被抛得很远，时光仿佛停止了脚步；走进云南，就是走进了我梦中的香格里拉。

经过一路的火车颠簸，在微风细雨中，我们到达第一个景点——被誉为"天下第一奇观"的石林。石林位于云南彝族自治县内，形成于2亿多年前，是典型的喀斯特溶岩地貌。这片风景区方圆数十里，从远处望去，状如原子弹爆炸后形成的蘑菇状的烟云。在绿树的点缀下，成千成百的灰色石头，焕发出一种异样的生机。它们形态各异，栩栩如生。有的像人物，有的像动物，有的像植物，惟妙惟肖，令人叹为观止。"阿诗玛”“大鹏展翅”“玉兔”“母子情深”等等，一方方石诉说的，是一个个古老的神话。我终于明白那句“石头会说话”的含义，也终于明白，我踏进石林所感受到的别样的生机，源自这片石林的顽强不屈的生命力。同样为林，她没有森林的青翠，没有森林的活力；同样为林，她只是素面朝天，默然无语。与天地对话，与风云对话，不管经历多少斗转星移，沧海桑田。管它世事如流水，我自悠闲自逍遥。沉静而不死寂；超脱而不浅薄；快乐而不忘形……这就是石林的独特风采。在时空的错落中，让一幅幅悲壮的历史画卷就在你眼前慢慢铺开，让满卷的古老和沧桑瞬间打动你。所有的一切，因沧桑而沧桑，因感动而感动，只留下“山石冠天下，风情醉国人”的诗句在人间徘徊。

## 魅力大理

下关风，上关花，苍山雪，洱海月。一个令琼瑶都为之魂牵梦萦的地方，一个令《还珠格格》里的阿哥格格宁愿放弃锦衣玉食而生死奔赴的地方——它就是独具魅力的大理。

大理古城位于风光亮丽的苍山脚下，已有600多年的历史，是云南境内最著名的古城之一，被列为第一批24个国家历史文化名城之一。喜欢大理的原因，缘自于金庸先生的《天龙八部》。他将古代大理国的政治历史，风土人情以武侠小说的形式精彩地展示给人们，为大理平添了一层神秘的色彩。苍山洱海珠联璧合，相互辉映，“风花雪月”四景更是唱绝天下。

但是对于素来爱海的我，“风花雪月” 四绝中我只对洱海情有独钟。一种心底深处的呼唤，一种来自灵魂的低叫，我知道我干枯了的心瓣，每一片每一片诉说的都是对海的渴望。传说，天上有一位仙女羡慕人间生活，下凡来到洱海边与一位渔民成婚，为了不让渔民夜晚打鱼辛劳，仙女把自己带来的一面宝镜放入海底，把鱼照得一清二楚，好让渔民打到更多的鱼。后来啊，那面宝镜便变成了金月亮，这就是洱海月。我想这个传说之所以千古传颂，在于被仙女那份博爱的情怀感动。因为凡是为人民大众奉献爱心的人，历史将永远记住她。登上游船，眺望着这个海拔1972米的高原淡水湖，倾听着韩红如泣如诉的《那片海》，我的心也随着洱海水而荡漾风情。只见湖光溶溶，碧波粼粼，轻烟迷蒙，明媚迷人，水光接天，万顷茫然。女人是水做的，这一刻我明白了自己爱海的原因。因为前世今生，我都打上水的烙印。因为是水，我甘愿为你所伤而枕泪入眠；因为是水，我甘愿像花儿在等待中慢慢枯萎；因为是水，我读懂了海儿波澜壮阔后的恬静超然；因为是水，我读懂了蝶儿化蛹成蝶时的艰辛挣扎。这是水的选择，今生不悔，今生无悔。多少沉沦，多少痴迷，我挚爱的人啊，“曾经沧海难为水，”此刻，我终于勇敢地喝下你早已为我端起的忘情汤，我只想化成传说中仙女的那面宝镜，永远坠入苍茫的海底。为黑夜的渔船送去光明，为冰冷的心田点上心灯。不管冰凉浸透我的肌肤，不管世俗的风尘深深把我掩埋，我只想为黑暗的夜晚创造另一个月亮，让澄澈纯净，化成我心中的佛。

## 柔软丽江

柔软，本来是形容物体手感的词语，从来也没想到有一天会被人用来形容一个城市。直到有一天，人们知道了丽江。

当旅途疲倦不堪的我，在傍晚抵达丽江古城，当我与之对视的那一刻，它就那么容易地把我征服。我的内心不禁微微一颤，梦里，梦外，你已在我空虚的灵魂里徘徊多久？缘定三生，我庆幸我在今生就能与你邂逅，而不让雨巷又增添一声浅紫色的叹息。哦，我的丽江，我在心底轻轻地呼唤你，不惊醒你的一米阳光。

丽江古城始建于南宋，迄今约有800年历史，是一个以纳西族居民为主的古老城镇。它以其古朴的艺术风格和科学的布局艺术闻名于世。1997年12月，丽江古城被确定为世界文化保护遗产，成为中国第一批获此殊荣的古城。徐霞客曾这样记述他所见到的丽江古城，“居庐骈集，荣坡带谷”；“民房群落，瓦屋栉比”；“其宫室之丽以于王者”。清澈的玉泉水从城头分成三岔穿街过巷，流遍千家万户，“家家流水，户户垂杨”，果然名不虚传。更有特色的是，古城的屋檐都悬挂着一串串红灯笼，掩映在碧绿碧绿的垂柳中，好像一个个腼腆的红衣少女，正在传说着江南的诗情。而当夜幕来临，一串串红灯笼点亮，整座古城一下子就笼罩在一个如梦似幻的仙境中，人走在其中，真有“灯不醉人人自醉”的晕眩；更像走进一个古老浪漫，幽雅柔软的“红色的记忆”，它是那么地与世无争，淡泊从容，看尽人间八百年的沧桑，浅笑红尘几千载的轮回。是的，我醉了，虽然今夜我没有喝光高脚杯里的葡萄酒，但我的丽江，你的柔情，你的内涵，你的优雅，你的神秘，无一不是震撼我脆弱灵魂的琴弦啊！

是什么声响一阵阵地传来？是什么欢笑一次次吸引？原来，我们正赶上这里的火把节。火把节是纳西族的传统节日，时间在每年农历六月二十五日至二十七日，以丽江古城最为热闹。内容包括耍火把、歌舞及各种娱乐活动。只见城里各家各户，都在门口堆起篝火，插上艳丽的鲜花。在夜幕降临时，点燃篝火，男女老少围成无数的舞圈。用他们的活力和热情，点燃整座安详静谧的古城。舞蹈狂野，篝火熊熊；大碗喝酒，大声吼歌。直跳到星星睡去，太阳醒来。听导游说，这一节日主要是庆祝农家丰收、祈求平安的。我知道，这是聪明的丽江人民在用他们特有的方式，感谢上苍的恩赐，感谢幸福安康的陪伴。我们不由自主地融入这个欢乐的海洋中，和他们一起载歌载舞，和他们一起喊出富有生命节奏的“呀索——呀索——呀呀索”。

隔天离开丽江时，我竟禁不住掉泪。告别了沧桑古朴的石林；告别了我魂牵梦萦的洱海；又要告别解读我灵魂的丽江。“我们还能不能能不能再见面，我在佛前苦苦求了几千年”。今生今世，天涯游子，何时能再踏上这片熟悉的土地，再轻轻触摸你——柔软的丽江？

如果说每一次旅行都是让心灵完成一次凤凰涅槃，我想我就是一个朝圣者，艰难跋涉，风吹日晒；心中始终燃烧着不死的火焰。我一次次让灵魂丈量道路，亲吻大地，最后，走向理想的天国。今生不容错过。今生不敢错过！

（本文于2006年12月发表在《汕头特区晚报》）

# 孔雀的遗言

在这个灰色的阴沉沉下午
我让自己孤独骄傲成
一只美丽的孔雀
为了　远方一注深情目光
我让我的羽毛
一瓣瓣展开翡翠的诗行

山那边的篱笆又增高了
陌生的人流闪烁着冷艳的烟花
多少次化蝶多少恨
长河落日永远圆成遗憾
而拍打着生命原始节奏的驼铃
你怎依然　执着如初　敲他心坎

这样的海浪已撞击很久了
撕裂的又岂止是蓝色的幽灵
凤尾竹已摇曳成“T”型台
幕启了　我的美丽已绽放
而掌声呢　为何
风也笑雨也狂

如果我所有的泣血膜拜
总无法挽回东南飞的结局
如果今生注定我是你的
在大地还未被硝烟淹没之前
可否让我
选择死亡

（本文于2003年6月发表在《汕头特区晚报》）

# 酒醉的荔枝

怎么也飞不出
花花的世界
原来我是一颗
酒醉的荔枝

从一骑红尘
惹来妃子一笑
我的命运
从此和白居易相关

红颜薄命的哀叹
拂过历史的风沙
任凭霓裳羽衣曲深情款款
终敌不过现实的刀剑

梧桐秋雨夜
魂魄入梦来
酒醉的荔枝笑了
挣脱这轮回的枷锁

# 我怎敢老去

从七点到十二点
从夜色渐浓到夜已深深
准备工作室学员资料
准备明天录课的内容
我未敢喝水未敢瞌睡
生命该是怎样的状态
其实每一天都是茫茫然
只求问心无愧于心能安
你若为我燃烧
我怎敢老去？！

一杯清茶谈古论今
一杯咖啡话尽沧桑
一杯三九写满温暖
一杯枸杞浸透关爱
感恩上苍的安排
感恩历经半世流浪
你终于把我找到
你既已为我燃烧
我怎敢老去？！

# 红色涟漪

所有的抗拒都是为了忘记
所有的心痛都是为了想念
所有的泪水都是为了远方
所有的软弱都是为了坚强

音乐迷离树影迷离
云儿飘扬我心飘扬
雨丝朦胧此路朦胧
鱼儿沉没我心沉没

笑我堪不破这红尘俗世
笑我挣不脱这幻灭枷锁
你还想抓住这红色涟漪吗
在那渐渐淹没渐渐远去的海面

# 鹤舞白沙

我知道你一直在远方
我知道风里苦涩的味道
我知道云里孤独的身影
我知道梦里飘荡着你的期盼

但花儿谢了鸟儿哭了
曾经的沧海已不回来
曾经的悸动已不回来
你教我如何度过这凄厉的黑夜

躺在玫瑰猩红的水里
让悲伤与隐痛一遍遍亲吻我的胴体
告诉我　你在何方
鹤舞白沙鹤心飞翔

# 解语花

一点即透是知己
一句即通是知音
一花解语是温柔
一树落寞是沧桑
一茶氤氲是期待
一荷嫣然是释怀
一声叮咛是牵挂
一别眷恋是思念
一去渺茫是云海
一水永隔是彼岸
一亭相望是不舍
一柳相赠是无奈
一生浪漫是本色
一世多情是痴狂

**图书在版编目（CIP）数据**

诗意的舞蹈 / 林雪芹著. — 北京:文化发展出版社, 2021.3

ISBN 978-7-5142-3349-0

Ⅰ. ①诗… Ⅱ. ①林… Ⅲ. ①教育-文集
Ⅳ. ①G4-53

中国版本图书馆CIP数据核字(2021)第039588号

**诗意的舞蹈**

林雪芹　著

**责任编辑**：侯　铮
**出版发行**：文化发展出版社（北京市翠微路2号 邮编：100036）
**网　　址**：www.wenhuafazhan.com
**经　　销**：各地新华书店
**印　　刷**：三河市金元印装有限公司

**开　　本**：787mm×1092mm　1/16
**字　　数**：210千字
**印　　张**：13
**版　　次**：2021年3月第1版　　2021年3月第1次印刷
**定　　价**：45.00元
**I S B N**：978-7-5142-3349-0